FERRAMENTAS PARA GARANTIR O SUCESSO DE SEU NEGÓCIO

HELENA CASANOVAS VIEIRA (ORG.)

EMPREENDER SEM COMPLICAÇÃO

FERRAMENTAS PARA GARANTIR O SUCESSO DE SEU NEGÓCIO

2.ª EDIÇÃO

AGIR

aliança empreendedora

O conteúdo desta obra teve como base o material desenvolvido pela Associação Aliança Empreendedora (Curitiba, PR) e foi autorizado e adaptado sob supervisão dessa organização.

Editora Nova Fronteira Participações S.A.
Av. Rio Branco, 115 — Salas 1201 a 1205 — Centro — 20040-004
Rio de Janeiro — RJ — Brasil
Tel.: (21) 3882-8200

Dados Internacionais de Catalogação na Publicação (CIP)

C335f Vieira, Helena Casanovas

Ferramentas para garantir o sucesso de seu negócio / Helena Casanovas Vieira (org.). - 2.ª ed. - Rio de Janeiro: Agir, 2023. (Trilogia Empreender sem Complicação)
112 p. 15,5 x 23 cm

ISBN: 978-65-5837-172-4

1. Empreendedorismo . I. Título

CDD: 658.42
CDU: 685

André Queiroz – CRB-4/2242

Conheça nosso site:

SUMÁRIO

APRESENTAÇÃO
HORA DE SE EQUIPAR

Começar um negócio é um pouco parecido com o processo que dá início à produção de um livro: você tem uma ideia e está diante de uma folha em branco a ser preenchida. Afinal, ainda que *empreender* nem sempre signifique abrir uma empresa comercial ou uma firma, sempre corresponde a assumir uma tarefa ou uma responsabilidade.

Se você leu o primeiro livro da trilogia Empreender sem Complicação, então já foi apresentado à Teoria do Fazer — um nome mais descomplicado para um conceito moderno chamado *Effectuation*, formulado pela professora indiana Saras Sarasvathy, pós-graduada em Empreendedorismo, professora na Darden School of Business da Universidade de Virgínia (EUA), e que foi desenvolvido no Brasil pela Aliança Empreendedora, uma organização cujo objetivo é orientar pessoas que desejam iniciar um negócio próprio com segurança e confiança. (E aqui vale uma recomendação: não deixe de ler os outros livros desta trilogia sobre empreendedorismo!)

Quem leu já conhece muitas coisas que ajudam a dar os primeiros passos para atingir o objetivo de ter um negócio para chamar de seu. Ali você aprende que não é preciso ter muito dinheiro nem ser um grande especialista para começar. O mais importante é ter uma ideia, acreditar nela e saber o que fazer com aquilo que você dispõe — a história do "pássaro na mão", lembra?

Muitas pessoas — em especial as mulheres, que, para surpresa de muitos, superam em número os homens que se tornam microempreendedores no Brasil — já se dedicam a uma atividade sem perceber que ela pode se tornar um negócio sustentável e lucrativo. Pensam nela como um *bico*, um "complemento de renda", um "quebra-galho para a hora do aperto". Ainda não possuem a dimensão e o potencial daquilo que fazem bem. Pois é exatamente o que pode ser o seu "pássaro na mão".

Pensar que o que você sabe fazer bem é apenas uma coisa para a qual apela quando precisa se virar para cobrir uma despesa extra, por exemplo, é uma forma de apequenar a sua ideia e impedir a sua expansão. Pode ser um dos empecilhos no caminho do seu sonho, e a maioria desses obstáculos pode ser vencida, começando pela sua capacidade de perceber as habilidades que possui e seu potencial para fazer muito mais.

Você também já sabe que eventuais dificuldades fazem parte do caminho a ser percorrido. Empreender significa correr riscos, não tem jeito, mas tudo na vida é assim. O principal é ter em mente que essas adversidades não são necessariamente o fim do projeto de um negócio próprio, pelo contrário: elas podem se transformar em aprendizado, quando bem compreendidas. A gente não aprende só com o que dá certo.

A Teoria do Fazer já mostrou o caminho das pedras para colocar em prática o seu sonho. Ensinou que é possível "fazer limonada" com os "limões" que aparecerem ao longo da sua travessia. Ensinou também que o bom empreendedor não só aprende com a experiência (que inclui os tropeços) como sabe fazer uma "colcha de retalhos", montando o seu negócio com o que tem à mão e com quem está à sua volta, ouvindo, colaborando, evoluindo, transformando o seu produto ou serviço.

Você também já sabe que o "piloto do avião" é você, que está à frente do negócio. Por isso, está preparado para mudar de rota sempre que necessário sem perder o controle. Para ter sucesso, é preciso estar disposto a superar obstáculos, a mudar e acompanhar o fluxo da vida cotidiana, que está em constante mutação. Pode parecer difícil, mas é assim que os negócios vão para frente desde que o mundo é mundo.

Ferramentas à mão

O método proposto pela Aliança Empreendedora a partir dos conceitos da Teoria do Fazer e de muita pesquisa e estudos na área do empreendedorismo começou mostrando os passos necessários para botar a teoria (e o seu sonho) em prática. Agora chegou a hora de você se equipar para ser eficiente e alcançar sucesso com o que aprendeu. Neste livro, você vai encontrar as ferramentas necessárias para seguir em frente e preencher a sua folha em branco — que chamamos de *canvas*, um nome em inglês para passar a ideia de uma "tela" a ser pintada ou preenchida com tudo que é importante para empreender e ser bem-sucedido.

É a isso que este livro se propõe: ajudá-lo a colocar a Teoria do Fazer em prática correndo menos riscos e aumentando o potencial de sucesso. As orientações e dicas que você verá são resultado não apenas de anos de pesquisas, mas também do acompanhamento de centenas (sem exagero) de casos de pessoas que resolveram empreender, aprendendo com seus acertos e erros. Como tudo na vida, criar um negócio exige muita disposição, garra e perseverança, mas o sonho pode virar pesadelo e frustração. Quem planeja e se prepara direitinho tem muito mais chance de alcançar o sucesso.

Foi assim com a Maria José, também conhecida como Zezé. Ao longo deste livro, você terá a companhia dessa empreendedora e verá como ela transformou em negócio e fonte de renda uma atividade que antes se restringia a parentes e amigos próximos. E olha que não faltou obstáculo no caminho, mas, mesmo assim, ela venceu a maré baixa do início da pandemia de Covid-19 sem dispensar as pessoas que agregou ao longo do tempo para ajudá-la nas tarefas. Hoje o negócio que Zezé construiu continua em plena atividade.

Além da trilha de sucesso de Zezé, você terá a oportunidade de conhecer outras histórias também. Por isso, siga em frente com confiança. Boa leitura e bom aprendizado.

UMA IDEIA NA CABEÇA

Não importa se você é uma pessoa jovem ou idosa, se tem muita ou pouca experiência profissional ou mesmo quanto dinheiro tem disponível. Nunca é cedo ou tarde demais para empreender. O importante para começar um negócio, além de uma boa ideia, é ter foco, que pode ser direcionado para qualquer área do seu interesse, seja turismo ecológico, culinária, cuidado de crianças, mecânica de automóveis, organização de festas e formaturas, aulas de reforço, serviços de limpeza, enfim, qualquer coisa que você sente que sabe e pode fazer bem.

Por exemplo, tem muita gente que tem talento para criação de roupas e acessórios. Esta é a especialidade de Maria José, a Zezé, uma mineira que saiu de uma pequena cidade interiorana e se mudou para a Zona Oeste do Rio de Janeiro bem jovem com o companheiro. Desde pequena, Zezé via a avó e a mãe costurando roupas para ela e os irmãos, prestava atenção em tudo e, atraída pelo colorido dos tecidos, recolhia os retalhos que caíam no chão quando as peças eram cortadas sobre os moldes. Aos poucos, foi aprendendo a transformar os pedaços de pano em roupinhas para as bonecas que dividia com as irmãs.

Não demorou muito e conseguiu permissão para usar a máquina de costura da família. Em pouco tempo, já fazia seus próprios modelos e aceitava *encomendas* das irmãs, que tinham outros talentos. Quando o assunto era criação e restauração de roupas, Zezé era a referência da família. E com a prática, foi ficando cada vez melhor.

No início da vida no Rio de Janeiro, Zezé fez muita faxina para complementar a renda da família, especialmente depois do nascimento das duas filhas, mas nunca deixou a costura totalmente de lado. Os vestidos que criava para as meninas começaram a fazer sucesso na vizinhança, no bairro de Santa Cruz. Nas festas de aniversário das duas, Zezé combinava o traje da homenageada com a decoração da festa. Se a escola pedisse que os alunos vestissem fantasia para uma ocasião festiva, as meninas da Zezé sempre se destacavam. Se os vizinhos decidiam fazer uma brincadeira de Dia das Bruxas na rua, suas filhas entravam na farra transformadas em lindas feiticeirinhas ou vampirinhas, sempre com estilo, pouco custo e muita imaginação.

O trabalho caprichoso de Zezé, aliado à graça das modelos amadoras, serviu como um cartão de visitas para o que ela ainda não considerava uma possibilidade de renda extra, e muito menos de negócio. Vizinhas, mães de coleguinhas da escola e até professoras perguntavam onde ela havia comprado as roupas. Ao descobrirem que tinham sido feitas em casa, queriam saber se Zezé costurava para fora.

De novo, um pássaro na mão

Zezé começou a aceitar encomendas aos poucos, conforme as meninas cresciam e ficavam mais independentes. Paralelamente, interessada em acompanhar o desenvolvimento das duas filhas, decidiu voltar a estudar na modalidade Educação de Jovens e Adultos (EJA) e finalizar o Ensino Médio, que abandonara quase no fim. Passou no exame, e o diploma serviu como estímulo para as meninas permanecerem na escola.

Também se atualizou no uso do celular e do WhatsApp para se comunicar com as filhas, com o companheiro e com as duas clientes/amigas que ainda atendia como diarista, três vezes por semana — um dia na casa de uma, dois dias, na da outra.

As encomendas de costura continuavam chegando. O dinheiro extra era mais que bem-vindo, mas Zezé ainda não pensava na atividade como um negócio até que seu companheiro, trabalhador com carteira assinada no ramo de construção civil, viu a construtora encolher, atrasar salários e dispensar empregados, propondo a alguns a prestação de serviços ocasionais sem vínculo contratual e sem direitos trabalhistas.

Sem a renda fixa a que estava habituado, o casal se preocupou com a instabilidade financeira. Os trabalhos esporádicos de um e de outro nem sempre cobriam a despesa da família, que ainda teve a casa própria destelhada e inundada numa tempestade descomunal do verão carioca e precisou se mudar para um apartamento com aluguel mais barato no mesmo bairro em que já morava.

> **Zezé começou a construir em sua cabeça um plano de negócio sem saber que estava seguindo o modelo proposto pela Teoria do Fazer.**

Conversando com parentes e amigas, Zezé começou a pensar em suas alternativas. As filhas, já adolescentes, se dispunham a ajudar na costura, mas ela não queria que nada atrapalhasse os estudos das duas, que já se dedicavam a várias tarefas de casa.

Intuitivamente, passou a construir em sua cabeça um plano de negócio sem saber que estava seguindo o modelo proposto pela Teoria do Fazer, que identifica inicialmente os três pilares capazes de transformar qualquer pessoa num bom empreendedor:

1. **Quem sou eu?** Engloba os talentos e os valores de cada pessoa, o sonho e a capacidade de realizar. Saber quem você é e o que você quer é fundamental em tudo na vida, e não seria diferente ao abrir um negócio próprio.

2. **O que eu sei?** Inclui todas as experiências acumuladas ao longo da vida, todo conhecimento adquirido não apenas no estudo formal, mas também no dia a dia, no convívio com os outros, na observação do mundo à sua volta.

3. **Quem eu conheço?** Aqui entram todas as pessoas que estão ao seu redor. Elas costumam ser as primeiras clientes do futuro empreendedor — por exemplo, as vizinhas, mães de coleguinhas e professoras das filhas da Zezé e os integrantes de sua família, cada vez maior. É também nesse círculo que quem decide entrar no mercado formal pode encontrar seus futuros parceiros e até fornecedores.

O tripé acima é fundamental para o desenvolvimento de qualquer negócio ou atividade:

- Você precisa conhecer a si mesmo, e a Zezé sabia que gostava de costurar, de criar modelos a partir de sua criatividade e também do que via.
- Você tem de saber o que quer e os talentos de que dispõe, acumulados ao longo da vida, e Zezé sabia costurar bem, tinha experiência e já havia recebido muitos elogios e até encomendas, então isso poderia ser um negócio, pois algumas pessoas pagavam pelo que ela fazia.
- Você deve identificar quem são os seus contatos, quem está ao seu redor, e Zezé pensou nas mães de outras crianças que já tinham encomendado algo ou elogiado muito o que ela tinha feito para suas filhas; também lembrou-se das professoras e diretoras das escolas pelas quais suas meninas passaram e que talvez pudessem se tornar clientes ou divulgadoras de seu trabalho.

Quem sou eu?
O que eu sei?
Quem eu conheço?

Renovação na colcha de retalhos

A diretora da nova escola da filha mais velha tornou-se parte importantíssima desse processo, compondo e ampliando a "colcha de retalhos" de Zezé — aquilo que ela tinha à mão. A mudança de escola aconteceu um pouquinho antes da mudança de moradia, motivada pela entrada da menina no Ensino Médio. Acostumada às turmas menores do Ensino Fundamental na escola municipal que frequentava à tarde, a garota se retraiu nas turmas enormes da fase seguinte, na parte da manhã, e a mãe logo notou que a filha, até então estudiosa e ótima aluna, estava cada vez mais desinteressada e já começava a dar desculpas para não ir às aulas.

Ao constatar o que estava desmotivando a menina, Zezé começou a buscar alternativas na vizinhança e encontrou uma escola particular com mensalidades de valores mais acessíveis. Ainda assim, a situação financeira já havia mudado em sua casa. Por isso, ela estava preocupada em acrescentar mais uma despesa mensal nas despesas e conversou longamente a esse respeito com a diretora, Maria Auxiliadora, antes de matricular a filha mais velha na escola particular.

Não demorou muito para Auxiliadora conhecer Zezé mais a fundo e perceber seu interesse em levar adiante a costura, ou seja, o "pássaro" que já tinha em sua mão. Foi ela que começou a falar com Zezé do que havia aprendido em cursos e palestras. Apresentada a esses novos conceitos, métodos e ferramentas, um mundo de possibilidades se abriu para a costureira, que começou a pensar no que já tinha disponível para começar a sua "colcha de retalhos" e a articular sua rede de contatos, agora mais ampla graças ao conhecimento de mães e jovens em duas escolas e vizinhos em dois endereços, na antiga rua e no novo condomínio.

Zezé resolveu, então, ligar para algumas dessas pessoas. A cada telefonema, ela falava que estava iniciando oficialmente um negócio de costura e, caso elas precisassem de algo, poderiam encomendar. Além disso, pediu que essas pessoas indicassem seu trabalho para amigos e parentes que estivessem precisando de uma boa costureira. Para completar, dentro do que o orçamento permitia, Zezé mandou fazer alguns cartazes nos quais informava seus contatos e explicava o tipo de trabalho que fazia. Foi autorizada pela síndica do prédio onde morava para colocar no quadro de avisos do condomínio. Com tudo isso, Zezé começou a se dar conta de que era uma empreendedora!

HORA DE PREENCHER A FOLHA EM BRANCO

Como vimos, a primeira pessoa a pôr a Zezé no caminho da formalização de um negócio foi Maria Auxiliadora, diretora da nova escola de sua filha mais velha. Auxiliadora falou das vantagens que ela teria ao formalizar seu negócio: Zezé poderia começar como microempreendedora individual (MEI), que tem uma carga bem menor de impostos — o que significa menos custos — e as obrigações são mais simples.

Ao abrir seu CNPJ, Zezé poderia comprar matéria-prima com valores mais em conta, pagando preços normalmente reservados às vendas no atacado. Poderia também vender para órgãos públicos e empresas, como escolas ou lojas de fantasias, e abrir uma conta bancária específica para o negócio. Assim, quando a confecção crescesse, ela teria condição de acessar linhas de crédito para empresas que, em geral, têm juros mais baixos e condições melhores, além de contratar um funcionário. Como MEI, ela também poderia usufruir de alguns benefícios, como licença-maternidade, auxílio-doença e aposentadoria.

Auxiliadora também lembrou que a formalização tem algumas obrigações, por isso Zezé deveria segui-las para não correr o risco de ter o CNPJ cancelado ou sofrer restrições. Outra boa razão para se manter em dia com os encargos era garantir a manutenção do direito a algum dos benefícios citados. A principal obrigação é o pagamento mensal do Documento de Arrecadação do Simples Nacional (DAS) do Microempreendedor Individual. A outra é fazer a Declaração Anual de Faturamento do Simples Nacional, a DASN-MEI, mesmo que o negócio não tenha tido faturamento ao longo do ano.

> **Ao abrir seu CNPJ, Zezé poderia comprar matéria-prima com valores mais em conta, [...] vender para órgãos públicos e empresas [...] e abrir uma conta bancária específica para o negócio. [...] Como MEI, ela também poderia usufruir de alguns benefícios, como licença-maternidade, auxílio-doença e aposentadoria.**

A segunda incentivadora foi a sogra, que se mudara para outro prédio do mesmo condomínio em que Zezé foi morar. Ela também havia feito amizades na Associação de Moradores e comentou com a nora que uma vizinha, Maria do Carmo, tinha estudado Administração e estava ajudando alguns empreendedores locais.

Com o empurrão dado por Maria Auxiliadora, Zezé decidiu conversar com Do Carmo para entender melhor como poderia se organizar, expandir a produção e, futuramente, entrar para o mercado formal com o que antes considerava um *bico* para complementar a renda da família. As filhas também ajudaram, buscando na internet cursos gratuitos de empreendedorismo e formalização, além de adquirir livros sobre o tema.

Modelo de negócio

Do Carmo foi quem explicou para Zezé como funciona uma ferramenta que aprendeu com a Aliança Empreendedora: o *canvas* de modelo de negócio, que significa uma tela ou página em branco em que são colocados todos os elementos do produto ou do serviço que o empreendedor pretende oferecer para fornecer uma ideia mais clara sobre sua ideia e de como ela vai ganhar forma. É esse modelo "desenhado" que sairá do papel e ganhará vida como empreendimento.

A estrutura do *canvas* de modelo de negócio segue a divisão do cérebro humano, que, segundo a psicologia, concentra as emoções no lado direito e no lado esquerdo, a razão. O *canvas* é dividido em nove blocos, de forma que os que estão no lado direito têm mais a ver com aspectos emocionais e de relacionamento, enquanto o lado esquerdo concentra as decisões mais práticas e racionais. Há uma sequência lógica para o preenchimento de cada um dos blocos.

Segmentos de clientes: que clientes (mercados, segmentos, nichos) sua empresa quer atingir?

Proposta de valor: qual(is) benefício(s) o seu negócio oferece aos clientes?

Canais: como a sua empresa atinge (se comunica com) seus clientes (ou segmentos de clientes) e entrega a sua proposta de valor?

Relacionamento com o cliente: que tipo de relacionamento sua empresa estabelece com os seus (segmentos de) clientes?

Fontes de receita: quais são as fontes de receita de cada segmento de clientes?

Recursos-chave: quais são os recursos (ativos) mais relevantes para que o modelo de negócio planejado funcione?

Atividades-chave: quais são as atividades mais importantes que devem ser feitas para que a empresa consiga implementar seu modelo de negócio?

Parcerias-chave: quem são os fornecedores e parceiros necessários para que o modelo de negócio seja adotado?

Estrutura de custos: quais são os custos (despesas, gastos) que a empresa terá ao colocar o modelo de negócio planejado em prática?

Pode parecer complicado, mas é simples!

Com os campos sendo preenchidos passo a passo, Zezé passou a ter uma visão geral da estrutura do seu negócio. Cada área do desenho vai respondendo às perguntas básicas do futuro empreendedor: "O que

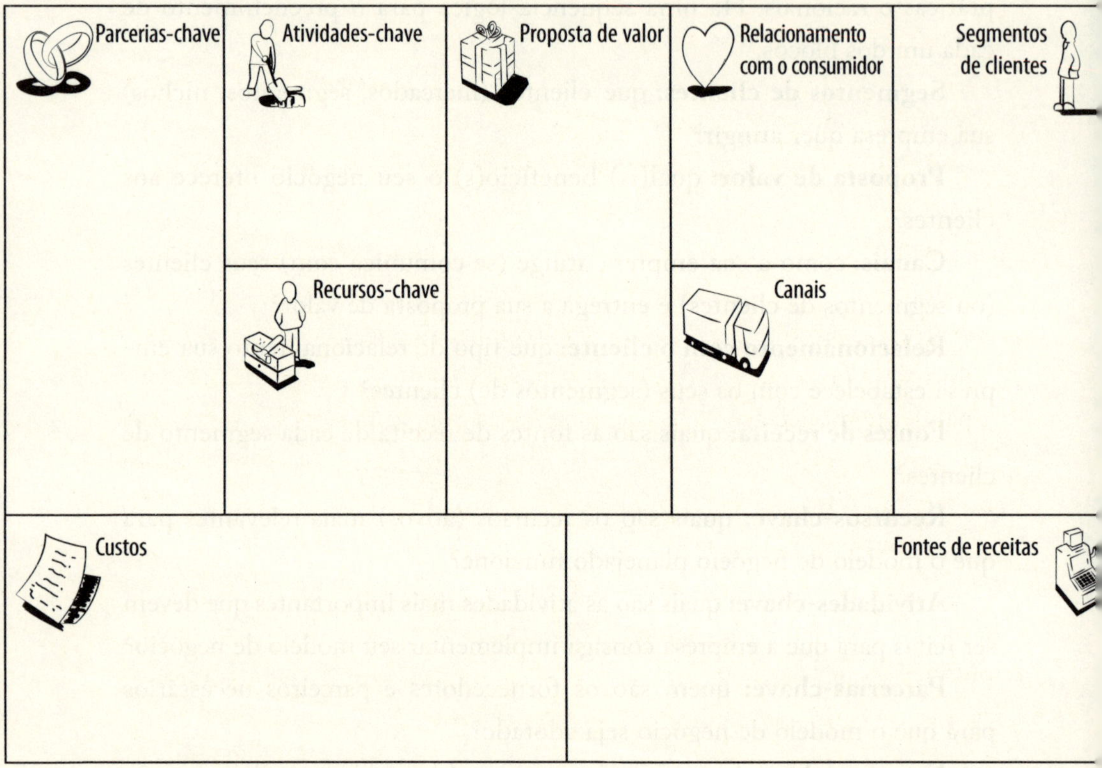

Parcerias-chave
Atividades-chave
Proposta de valor
Relacionamento com o consumidor
Segmentos de clientes
Recursos-chave
Canais
Custos
Fontes de receitas

eu vou fazer?"; "Para quem vou vender?"; "Como vou vender?"; "Quanto vou cobrar?"

O lado direito do *canvas*

A parte que diz respeito ao contato com os clientes é muito importante. Se você não conhece as pessoas para quem está prestando serviço ou vendendo seu produto, corre o risco de ver seu empreendimento morrer na maternidade. Identificar quem é o seu público-alvo é o ponto de partida para estruturar o seu negócio. E isso deve ser feito com muito critério, pois também se trata da parte mais emocional do empreendimento.

Assim, relembrando tudo que aprendeu com Do Carmo, Zezé começou a preencher seu *canvas* pelo **segmento de clientes**, delineando o perfil dos seus clientes potenciais. Numa folha de cartolina dividida em vários espaços, conforme vimos algumas páginas atrás, ela começou a escrever o que tinha aprendido pela experiência adquirida no trato com as freguesas habituais: a faixa etária, por exemplo, ia dos 30 aos 60 anos, e incluía principalmente mães e avós que encomendavam roupas para crianças e jovens (geralmente filhas e netas) e para elas próprias. Conhecer **o gosto e o estilo de vida do cliente** e saber o que ele espera de seu trabalho são requisitos importantes para quem quer ter sucesso no negócio.

O próximo passo é a **proposta de valor**. Aqui você precisa se perguntar o que vai entregar ao seu cliente. Não se trata apenas de prestar um serviço ou botar um produto nas mãos dele, mas tudo aquilo que envolve a necessidade e a satisfação dessa pessoa. Zezé pensou imediatamente nas mães, filhas, avós e netas que faziam encomendas personalizadas, enfatizando o vínculo afetivo entre elas. O vestido liso da avó ganhava um detalhe com a estampa da roupa da neta, a mãe encomendava acessórios combinando com os das filhas e assim por diante. Às vezes, até mesmo os pais perguntavam se ela fazia *shorts* e camisas esportivas para meninos, rapazes e homens adultos interessados em se aproximar mais dos filhos com um visual mais jovial e descontraído.

Do Carmo já havia alertado Zezé de que o bloco "proposta de valor" poderia se confundir com o bloco "fontes de receita", mas ela se lembrou de que, na proposta de valor, precisava incluir como objetivo o "fortalecimento de vínculos entre pessoas". No bloco "fontes de receita", aí sim, colocaria os produtos e serviços que pretendia vender para atingir seu objetivo maior.

Os blocos **canais** e **relacionamento com o cliente**, etapas seguintes no processo, contribuem efetivamente para esse passo. Os canais de entrega são muito importantes, pois é nesse momento que o empreendedor determina como é que seu produto ou serviço vai chegar ao cliente. O exemplo mais fácil para compreender o que é um canal de entrega é a loja tradicional, feita de tijolo e cimento, com produtos expostos e vendedores para atender quem deseja comprar. Mas existem muitos outros canais, como a internet, as vendas por catálogo (como aquela vizinha que vende cosméticos), as vendas diretas etc.

Num primeiro momento, Zezé achou que ter uma loja física, se um dia fosse possível, seria coisa para muito mais adiante. Melhor concentrar as vendas na internet e buscar um jeito de fazer as entregas com menos custo: em mãos, para as pessoas mais próximas; de bicicleta, moto ou carro, para os clientes mais distantes; ou pelos Correios, se a postagem não fizesse o produto ficar caro demais.

> **O exemplo mais fácil para compreender o que é um canal de entrega é a loja tradicional, feita de tijolo e cimento, com produtos expostos e vendedores para atender quem deseja comprar. Mas existem muitos outros canais, como a internet, as vendas por catálogo, as vendas diretas etc.**

Como fazer para que as pessoas tomem conhecimento da existência do seu trabalho? O que é necessário para atender a necessidade do cliente de forma satisfatória e garantir que seu produto ou seu serviço estejam a disposição dele? No caso de Zezé ela já tinha uma boa clientela, mas seu negócio nunca cresceria se ela não expandisse seu público. E para isso, ela precisava pensar não apenas na família, nos vizinhos ou na escola das filhas.

Como forma de se comunicar com os clientes, a internet seria a forma mais prática, rápida e econômica. Um bom trabalho de mídias sociais poderia levar seu trabalho a muitas pessoas além de seu círculo mais próximo. As meninas sugeriram o aplicativo WhatsApp (que Zezé já dominava), uma página no Instagram e outra no Facebook, onde ela já tinha um perfil pessoal, embora o acessasse pouco.

As duas também se propuseram a postar vídeos no YouTube e a criar para a mãe uma lista de transmissão no WhatsApp. Assim, ela poderia enviar mensagens individuais para várias pessoas ao mesmo tempo sem precisar criar um grupo em que todos vissem o que fosse postado.

Graças a essa ajuda das filhas, Zezé começou a fazer contato e estabelecer **relacionamento** com muito mais gente para receber encomendas, tirar dúvidas, programar as entregas e todas as demais coisas que esse contato entre fornecedor e cliente exige. A partir daí, ela passou a pensar nas **fontes de receita** do negócio. Zezé tinha uma variedade de produtos para venda, e a grande maioria das roupas era personalizada, feita de acordo com o gosto e a medida dos clientes, o que fazia com que estes se dispusessem a pagar um pouco a mais pelas peças.

Havia também a questão das formas de pagamento. A maior parte das pessoas pagava em dinheiro — uma parte quando faziam a encomenda, outra quando iam buscar. Acontece que muitos clientes repetiam a mesma pergunta a Zezé: "Aceita cartão?" Isso ligou o sinal de alerta: talvez fosse um bom momento para investir em alguma das famosas maquininhas de pagamento em cartão de débito e crédito para facilitar a vida da clientela (e, é claro, aumentar as vendas). Tendo o CNPJ, ela também poderia abrir uma conta para o empreendimento e, assim, receber transferências, depósitos e PIX sem misturar os pagamentos com a sua conta pessoal. Isso ajudaria bastante sua organização financeira.

O lado esquerdo do *canvas*

Depois que o candidato a empreendedor põe todas essas coisas no papel, surgem as perguntas: como ganhar dinheiro com o produto ou o serviço que pretende vender? Qual será a receita? Como saber quanto cobrar e calcular o fluxo de entrada e saída de caixa? Seguindo o "*canvas* de modelo de negócio", essa área mais racional deve ser preenchida com tudo que você pode oferecer. Vamos acompanhar como Zezé lidou com isso para ficar mais fácil de entender.

Nossa empreendedora começou a pensar e colocar no *canvas* quais eram os **recursos principais de que ela precisaria no negócio** — e essa área engloba tudo que será necessário para levar adiante o seu empreendimento. A antiga casa de sua sogra, que não havia sido tão atingida pela tempestade de verão como a de Zezé, ainda funcionava como local de reunião da família e continuava abrigando as máquinas de costura que ambas usavam. Tecido também havia de sobra, de forma que o primeiro investimento não precisaria ser grande.

Como queria começar a divulgar mais seu negócio, usando as redes sociais e até um canal no Youtube, Zezé incluiu também seu celular e uma assinatura para um pacote de dados da internet como algo necessário para seu empreendimento. Também foi necessário incluir outros custos, como compra de alguns materiais necessários para a atividade de costura — os famosos aviamentos —, gastos com energia elétrica e limpeza, despesas com entrega e mais algumas outras, menores. Deu um pouquinho de trabalho, mas levantar todos esses custos foi muito importante para dar os passos seguintes com segurança.

Em seguida, Zezé começou a elaborar sua lista de **atividades-chave**, quer dizer, as principais coisas que ela sabia fazer: roupas em geral para homens e mulheres, fantasias personalizadas — aliadas ou não a enfeites com o mesmo motivo para ocasiões especiais ou festas, como toalhas e guardanapos — e acessórios, especialmente para cabelo, também customizados com a padronagem usada na roupa. Além de entregar o que os clientes pediam, ela também aproveitava as sobras de tecidos, evitando o desperdício. Tudo pode virar receita.

Praticamente todas as pessoas que podem colaborar com um empreendimento (dentro da lei, é claro) podem ser consideradas parceiras, seja ajudando na divulgação, dando ideias ou oferecendo algum serviço que combine com o seu trabalho. As filhas de Zezé são um bom exemplo, ao criar e postar vídeos e fotos exibindo as criações da mãe. Outras **parceiras-chaves** foram a diretora da escola, Maria Auxiliadora, e a especialista em administração, Maria do Carmo, que apresentaram a ela os cursos da Aliança Empreendedora e se dispuseram a ajudá-la a criar seu negócio.

As duas clientes/amigas para as quais Zezé ainda trabalhava de vez em quando também a incentivaram a ir em frente com a iniciativa. Elas ofereceram suporte em técnicas de marketing on-line e até na parte contábil, além de garantir a propaganda boca a boca. Se a produção se expandisse geograficamente, exigindo um sistema de entrega mais profissional do que o velho sistema "em mãos" na casa da vizinha ou na escola, talvez algum conhecido com um carro, uma moto ou mesmo uma bicicleta se dispusesse a fornecer o serviço por uma taxa mais em conta do que o frete dos Correios.

À medida que novos custos com a matéria-prima, como tecidos e aviamentos, começaram a aparecer, Zezé passou a considerar algumas questões para o crescimento do negócio. "Vou precisar de mais moldes? Será que vou precisar contratar uma ajudante? As máquinas de costura são suficientes ou é preciso comprar mais? Como vou embalar meus produtos? Quanto devo investir em anúncios das redes sociais?" Veja como ficou seu *canvas* na página 28.

Quando Zezé fez todo o *trabalho de casa*, analisou o próprio perfil e identificou o que já tinha em mãos e o que ainda precisava para dar o pontapé inicial em seu empreendimento, ela se sentiu mais confiante, pois percebeu que era capaz de enfrentar os desafios — por exemplo, não precisaria investir muito dinheiro no início, que era um de seus temores. "Com o apoio da família, dos amigos e de quem entende de empreendedorismo, comecei a acreditar nas minhas qualidades e no meu potencial. Vi que

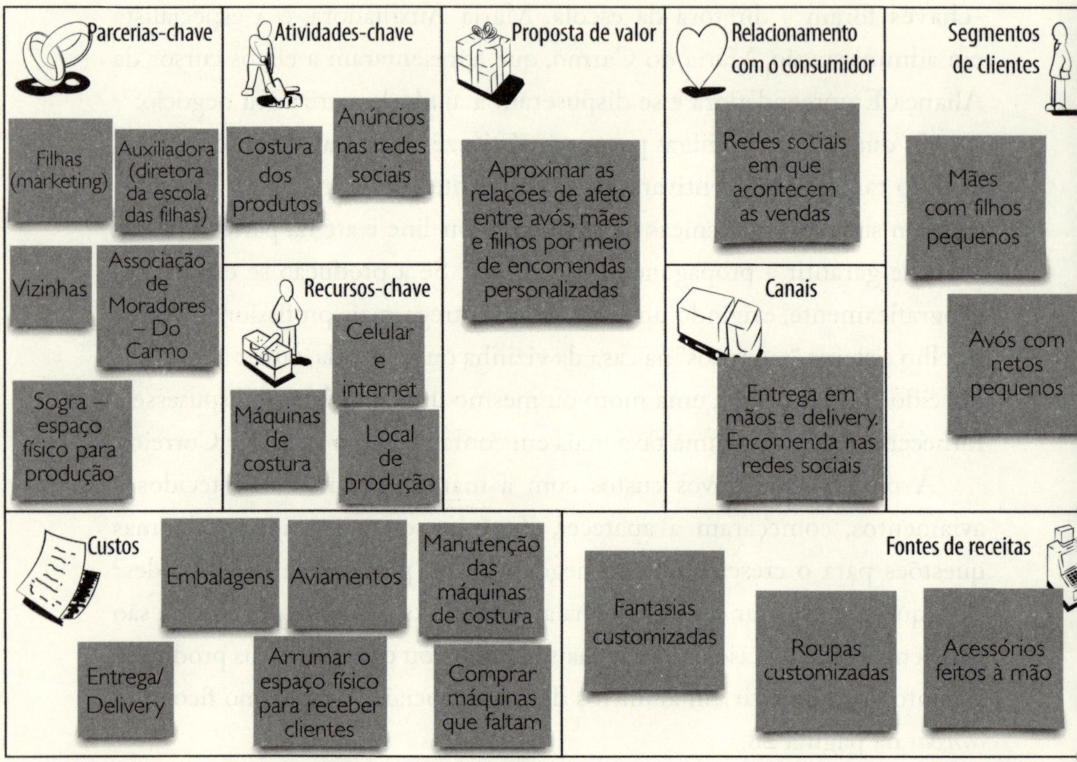
Parcerias-chave
Filhas (marketing)
Auxiliadora (diretora da escola das filhas)
Vizinhas
Associação de Moradores – Do Carmo
Sogra – espaço físico para produção
Atividades-chave
Costura dos produtos
Anúncios nas redes sociais
Recursos-chave
Celular e internet
Máquinas de costura
Local de produção
Proposta de valor
Aproximar as relações de afeto entre avós, mães e filhos por meio de encomendas personalizadas
Relacionamento com o consumidor
Redes sociais em que acontecem as vendas
Canais
Entrega em mãos e delivery. Encomenda nas redes sociais
Segmentos de clientes
Mães com filhos pequenos
Avós com netos pequenos
Custos
Embalagens
Aviamentos
Manutenção das máquinas de costura
Entrega/ Delivery
Arrumar o espaço físico para receber clientes
Comprar máquinas que faltam
Fontes de receitas
Fantasias customizadas
Roupas customizadas
Acessórios feitos à mão

podia crescer e que tinha disposição para superar os possíveis obstáculos que encontraria pelo caminho. Além disso, gosto de aprender!"

Lembre-se: a *tela* de seu negócio deve ser pintada ao lado de seu retrato. Um deve combinar com o outro.

Pare para pensar

Assim como Zezé, nossa empreendedora-modelo, toda pessoa que deseja começar o próprio negócio precisa parar e se questionar sobre todos esses aspectos. Você também deve fazer uma pausa e se afastar um pouco dos detalhes em sua tela para ter uma visão mais ampla e completa — ou incompleta, sem problemas; afinal, todo mundo tem dúvidas, não é? Analise o seu esboço. Mostre para as pessoas próximas. Converse a respeito de cada ponto. Nada precisa — nem deve — ser decidido às pressas.

Ao pensar em suas habilidades, seus recursos e nas características de seu negócio, é necessário ser honesto consigo. Considere algumas questões que exigem uma resposta franca, se você quer mesmo ser bem-sucedido:

- Eu me conheço?
- Eu confio na minha capacidade de empreender?
- Qual o meu objetivo?
- Sou do tipo que põe a mão na massa?
- Tenho disposição para aprender coisas novas?
- Tenho medo de correr riscos?
- Sou persistente?
- Tenho facilidade de me relacionar com as pessoas ao meu redor?
- Sou capaz de aumentar minha rede de relacionamentos?

Não tenha receio das respostas, desde que sejam francas. Não basta identificar as suas virtudes e capacidades — é preciso olhar também para seus receios e suas limitações. Se você, por exemplo, só dispõe de uma caixa de ferramentas, é com ela que vai começar. Caso não tenha habilidade para construir um perfil no Instagram, encontre alguém que saiba fazer isso para ajudar. Não leva muito jeito para conversar com os clientes? Deixe isso para outra pessoa e se concentre nas coisas que sabe fazer bem.

> **Toda pessoa que deseja começar o próprio negócio precisa fazer uma pausa e se afastar dos detalhes em sua tela para ter uma visão mais ampla e completa — ou incompleta, sem problemas; afinal, todo mundo tem dúvidas.**

Até mesmo na hora de preencher o *canvas* (essa *tela* que você acabou de ver), não tenha receio em pedir ajuda. Empreender não é tão difícil quando a gente pode contar com uma boa orientação de quem tem experiência, mas você tem de fazer a sua parte, que é colocar no papel — ou melhor, na *tela* — tudo de que dispõe e o que ainda precisa para começar seu negócio com muito mais chance de sucesso.

OUTROS CASOS, OUTROS *CANVAS*

As etapas do *canvas* do modelo de negócio que vimos no capítulo anterior podem ser aplicadas a qualquer tipo de empreendimento, não importa se você quer vender salgadinhos ou instalar equipamentos eletrônicos. Os campos a serem preenchidos são os mesmos. O que muda é o tipo de informação que entra em cada parte do quadro. O segmento de clientes de um guia turístico é diferente do de uma cuidadora de animais de estimação. Quem vende artesanato usa certos canais de venda que não servem para quem trabalha com alimentação. Mas todos, independentemente da natureza de seu empreendimento, devem preencher todas as partes do *canvas* para ter uma ideia clara de suas capacidades, oportunidades e desafios.

Tomemos o exemplo de Conceição, uma senhora de setenta anos, negra, solteira, sem filhos e com Ensino Fundamental incompleto, que fez o caminho inverso ao de Zezé: depois de cinquenta anos vivendo no Rio de Janeiro, aposentou-se e decidiu voltar para a sua pequena cidade em Minas Gerais, de onde a família nunca saiu. Já instalada numa casa, Conceição começou a estranhar a falta de atividade. Ela estava habituada ao movimento constante nas ruas do Rio e ao trabalho, que foi mudando conforme a idade avançava. Passar de uma atividade para outra não era problema para ela, mas o excesso de tranquilidade e a falta do que fazer a estavam deixando inquieta e, ao mesmo tempo, deprimida.

Fazer crochê era um passatempo relaxante nos momentos de ansiedade. E ela era muito habilidosa. Era capaz de elaborar peças muito bonitas. Quando as sobrinhas descobriram a novidade, começaram a fazer um pedido para o qual Conceição não estava acostumada: elas queriam que a tia produzisse amigurumis para a família.

Amigurumi? O que é um amigurumi? Conceição jamais ouvira falar naquilo. Seria uma peça de roupa? Um enfeite? As sobrinhas, então, pegaram o celular e mostraram algumas imagens de bichinhos, bonequinhos e outras figuras fofinhas feitas em crochê com enchimento. Só então a tia reconheceu de que se tratava. Ela já tinha visto amigurumis em feiras de artesanato e lojas de presentes. Só não sabia que eram chamados assim.

Até que não era uma ideia ruim. Conceição sabia que era boa no crochê, e se havia tanta gente na família que gostava de amigurumis, outras pessoas certamente iriam querer comprar para si também. E nem precisava montar loja: bastava colocar suas criações à disposição na internet. Só que, sem intimidade nenhuma com tecnologia, Conceição sentiu-se frustrada. Foi então que resolveu inverter o jogo: ela se propôs a ensinar crochê às sobrinhas para elas darem forma aos bonequinhos.

Conceição encontrou um novo talento: virou professora de crochê. Sua casa passou a ser frequentada por mais gente. Ganhou vida, ficou animada. As sobrinhas foram as primeiras alunas, e ao perceber o potencial daquela atividade, chamaram amigas para aprender também e correram atrás de informação para transformar a produção em um negócio lucrativo. Muito justamente, repassaram para a tia uma parte do que ganharam com a venda dos amigurumis.

Veja como foi que Conceição preencheu seu *canvas*:

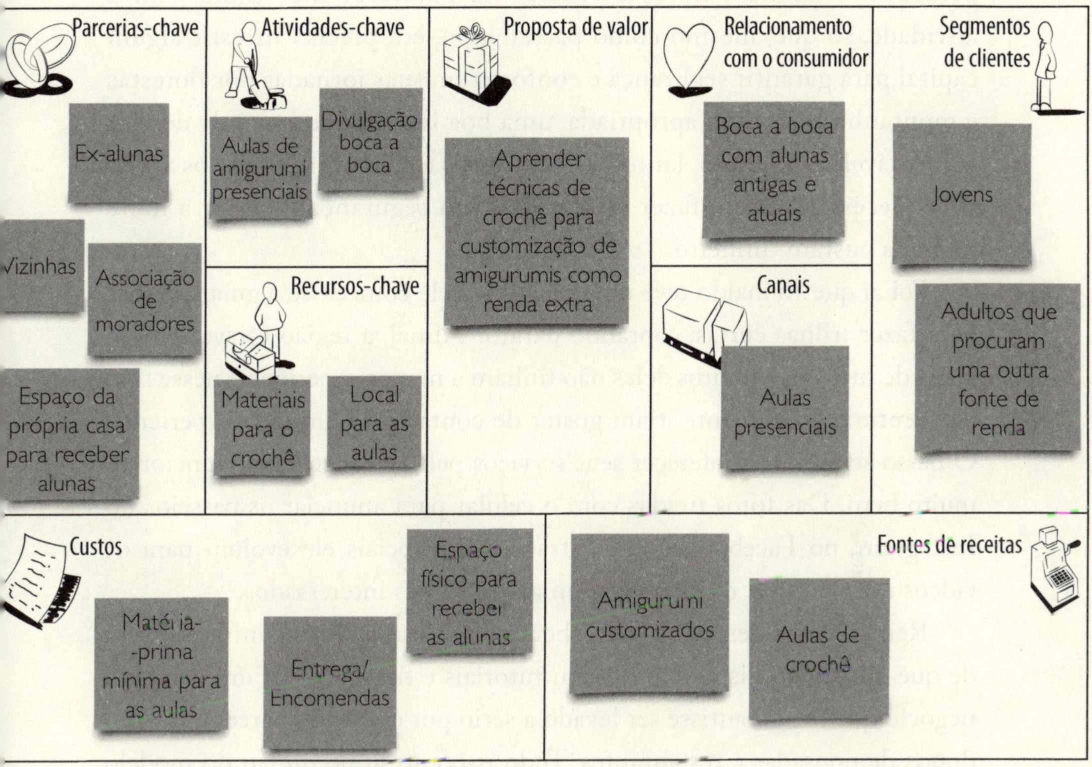

Parcerias-chave
Ex-alunas
Vizinhas
Associação de moradores
Espaço da própria casa para receber alunas
Atividades-chave
Aulas de amigurumi presenciais
Divulgação boca a boca
Recursos-chave
Materiais para o crochê
Local para as aulas
Proposta de valor
Aprender técnicas de crochê para customização de amigurumis como renda extra
Relacionamento com o consumidor
Boca a boca com alunas antigas e atuais
Canais
Aulas presenciais
Segmentos de clientes
Jovens
Adultos que procuram uma outra fonte de renda
Custos
Matéria-prima mínima para as aulas
Entrega/Encomendas
Espaço físico para receber as alunas
Fontes de receitas
Amigurumi customizados
Aulas de crochê

Na trilha do sucesso

O caso de Reinaldo dos Santos é bem interessante. Jovem de 24 anos, negro, morador de Quiririm, distrito de Taubaté, no interior de São Paulo, ele sempre gostou de acampar, fazer caminhadas e descobrir as belezas naturais de sua região. Quando era criança, fazia essas coisas na companhia da família. Com o tempo, porém, seus pais foram perdendo o ânimo para se aventurar na natureza. Ele seguiu com a atividade, só que, mesmo como passatempo, era preciso investir algum capital para garantir segurança e conforto em suas jornadas por florestas e montanhas. Mochila apropriada, uma boa barraca, um saco de dormir confortável e sequinho, lanterna moderna, facão, enfim, todos os utensílios necessários para fazer uma trilha com segurança e passar a noite na mata custam dinheiro.

Foi aí que Reinaldo teve uma ideia: e se ele começasse a guiar pessoas para fazer trilhas curtas, cobrando barato? Afinal, a região estava sempre cheia de turistas, e muitos deles não tinham a menor experiência nesse tipo de aventura. Certamente iriam gostar de contar com um guia experiente. O passo seguinte foi oferecer seus serviços pela internet, o que funcionou muito bem. Das fotos tiradas com o celular para anunciar os passeios no Instagram, no Facebook e em outras mídias sociais ele evoluiu para os vídeos no YouTube, que começaram a atrair mais interessados.

Reinaldo não demorou a perceber que precisaria de uma infraestrutura de que ainda não dispunha. Buscou tutoriais e decidiu abrir um pequeno negócio que lhe garantisse ser levado a sério por eventuais parceiros, como donos de pousadas e restaurantes. Tudo isso entrou no *canvas* do modelo de negócio do trilheiro: os clientes potenciais, os pequenos comerciantes locais nas cercanias das trilhas, o material a ser comprado — incluindo roupas e calçados adequados para percorrer caminhos acidentados e mergulhar em cachoeiras e rios —, os folhetos que poderia distribuir onde os turistas se concentravam para ampliar o leque de interessados.

Antes mesmo de ver a sua opção de turismo ecológico crescer, Reinaldo incluiu nas parcerias-chave a possibilidade de convidar um conhecido que soubesse falar inglês, já pensando em turistas estrangeiros e em fazer um cursinho para melhorar a conversação no idioma do qual aprendeu apenas o básico na escola.

A esta altura, você já deve estar curioso para saber como o *canvas* de Reinaldo foi preenchido. Veja na página 36.

Sociedade completa

Os baianos João Miguel e Maria da Graça casaram-se bem jovens, e logo tiveram três filhos. Quando os meninos cresceram e se tornaram independentes, o casal tinha ainda muita energia para trabalhar. Ela já tinha sido copeira e garçonete em hotéis, e ele passou a maior parte da vida profissional em cozinhas de escola, tanto pública quanto particular. Ambos tinham passado por alguns treinamentos no Senac.

Preparar e servir refeições era o tipo de atividade com a qual o casal tinha bastante intimidade, por isso a ideia de transformá-la em negócio foi tomando forma na cabeça dos dois, e virou realidade justamente por causa da pandemia de Covid-19, quando as escolas pararam de funcionar com aulas presenciais. João e Graça idealizaram um serviço de marmitas. Estendendo os laços que já tinham como marido e mulher, tornaram-se sócios num negócio ainda pequeno, mas já lucrativo.

Eles usaram o *canvas* para ter uma visão ampla e estratégica de seu empreendimento. Incluíram informações como o investimento em embalagens e panelas maiores, já que o fogão do dia a dia estava de bom tamanho para começar. O transporte seria feito de bicicleta; se fosse preciso ir mais longe, João tiraria o carro da garagem para fazer a entrega. Os dois sempre dividiam as tarefas na cozinha, portanto, pouco ia mudar.

E novos elementos poderiam ser acrescentados com o tempo e o crescimento do negócio, como um ajudante de cozinha e um serviço profissional de entrega em domicílio. Veja na página 37 como eles preencheram sua *tela*.

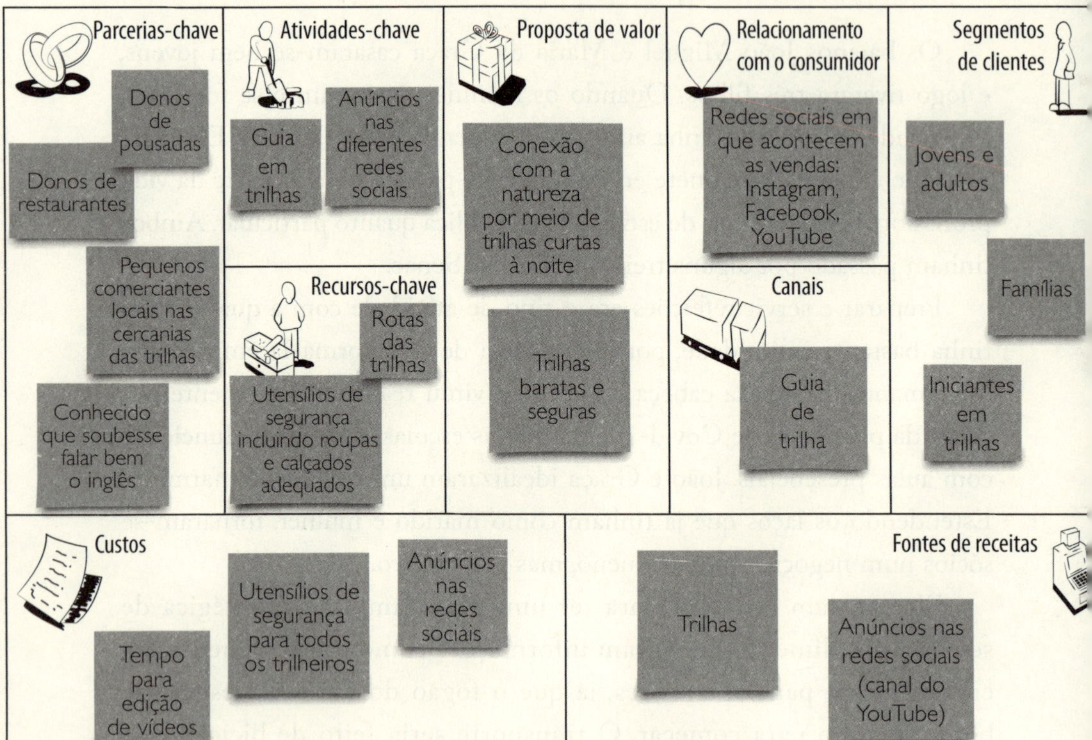

Parcerias-chave
Donos de pousadas
Donos de restaurantes
Pequenos comerciantes locais nas cercanias das trilhas
Conhecido que soubesse falar bem o inglês
Atividades-chave
Guia em trilhas
Anúncios nas diferentes redes sociais
Recursos-chave
Rotas das trilhas
Utensílios de segurança incluindo roupas e calçados adequados
Proposta de valor
Conexão com a natureza por meio de trilhas curtas à noite
Trilhas baratas e seguras
Relacionamento com o consumidor
Redes sociais em que acontecem as vendas: Instagram, Facebook, YouTube
Canais
Guia de trilha
Segmentos de clientes
Jovens e adultos
Famílias
Iniciantes em trilhas
Custos
Utensílios de segurança para todos os trilheiros
Anúncios nas redes sociais
Tempo para edição de vídeos
Fontes de receitas
Trilhas
Anúncios nas redes sociais (canal do YouTube)

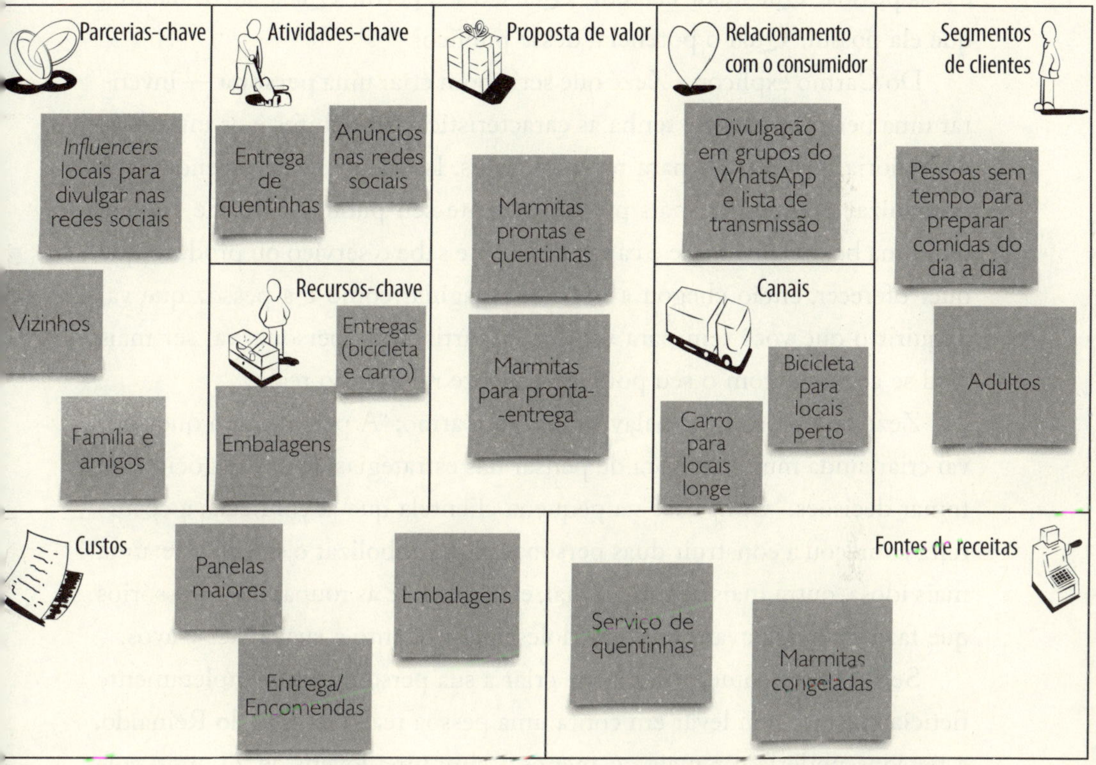

Parcerias-chave
Influencers locais para divulgar nas redes sociais
Vizinhos
Família e amigos
Atividades-chave
Entrega de quentinhas
Anúncios nas redes sociais
Recursos-chave
Entregas (bicicleta e carro)
Embalagens
Proposta de valor
Marmitas prontas e quentinhas
Marmitas para pronta-entrega
Relacionamento com o consumidor
Divulgação em grupos do WhatsApp e lista de transmissão
Canais
Bicicleta para locais perto
Carro para locais longe
Segmentos de clientes
Pessoas sem tempo para preparar comidas do dia a dia
Adultos
Custos
Panelas maiores
Embalagens
Entrega/ Encomendas
Fontes de receitas
Serviço de quentinhas
Marmitas congeladas

Aprofundando o retrato do cliente

Com o *canvas* bem encaminhado, tanto a Zezé quanto o casal Graça e João, o Reinaldo e as sobrinhas da Conceição passaram para a fase de procurar entender o propósito do negócio que pretendiam montar e o destino do produto que iam oferecer, ou seja, o cliente. Conhecer a pessoa que quer ou precisa daquilo que você faz ou produz é fundamental. Quem é essa pessoa? Que idade ela tem? Qual é o seu perfil? Quais são os hábitos que ela possui? Qual o potencial desse público?

Do Carmo explicou a Zezé que seria bom criar uma **persona** — inventar uma personagem que tenha as características, os hábitos e os interesses da maioria dos clientes para representá-los. Isso ajuda o empreendedor a humanizar e entender mais profundamente seu público-alvo. Se você já tem uma boa ideia do que é capaz de fazer e sabe o serviço ou produto que quer oferecer, então chegou a hora de imaginar como é a pessoa que vai adquirir o que você tem para vender. A partir dessa persona, vai ser mais fácil se conectar com o seu potencial cliente no mundo real.

Zezé se lembrou das palavras de Do Carmo: "A personagem que você vai criar ajuda muito na hora de pensar nas estratégias do seu negócio e de tomar decisões." Com base na pequena clientela que já conhecia, a costureira começou a construir duas personas para simbolizar o seu cliente: uma mais idosa, outra mais jovem. Afinal, ela sabia que as roupas e os acessórios que fazia se destinavam tanto a adolescentes quanto a suas mães e avós.

Se você está começando, pode criar a sua personagem completamente fictícia mesmo, sem levar em conta uma pessoa real. No caso do Reinaldo, a persona poderia ser mais ou menos assim: uma jovem de 23 anos, solteira, sem filhos, com espírito aventureiro chamada Ana — um nome escolhido ao acaso. Essa jovem trabalha com informática e, nas folgas de fim de semana, gosta de descobrir trilhas e de tirar selfies e fotos da natureza para postar no seu Instagram.

Para visualizar essa personagem, ele se valeu de outro tipo de *tela*, o *canvas persona*, que também é dividido em partes que ajudam a definir o perfil desse público para quem você deseja oferecer seu produto ou serviço. O quadro mostra os dados pessoais do cliente potencial, o que ele deseja (prazer futuro) e valoriza, as coisas que atrapalham (dor e frustração) e qual o conceito de sucesso para ele. Veja, na página 40, como ficou o *canvas persona* de Reinaldo.

Para João e Graça, a primeira persona imaginada como cliente potencial de suas refeições se baseou nos professores que ele conhecia da escola e que passaram a dar aulas em casa. O *canvas persona* do casal está na página 41. Veja.

Simples, não? Não tem complicação, basta pensar nas características da maioria de seus clientes para inventar uma ou mais personas. Se você oferece um serviço de cuidado de idosos, certamente sua persona tem idade avançada ou é parente de alguém com essa característica. Caso seu produto seja comida vegetariana ou vegana, a persona que você vai inventar terá de ser alguém que não come carne animal.

Pare um tempinho para preencher um (ou mais) *canvas persona* que represente seu público. Você vai perceber como isso vai fortalecer a proposta de valor do seu negócio: quanto mais você conhece o gosto, o poder aquisitivo e demais características de seu cliente potencial, melhor será a sua chance de entregar a ele o produto esperado e atender às suas expectativas.

Para colocar em prática, vamos voltar a nossa empreendedora-modelo, a Zezé. Ela foi adaptando suas personas de acordo com o volume de trabalho de que já dava conta e do que imaginava atingir mais tarde.

- Adolescente, filha única cujos pais, de classe baixa, pagam as roupas que ela encomenda.
- Avó jovem que adora presentear a neta e gosta de usar um acessório combinando com a roupa da menina quando sai com ela.
- Jovem de classe média que aprecia saias e vestidos descolados e com um toque pessoal, diferente do que ela encontra nas lojas e vê as amigas usarem; ela gosta de se destacar, tem personalidade forte.
- Mãe jovem que gosta de harmonizar suas roupas com as da filha sem copiar exatamente o mesmo modelo; ela é quem tem renda para pagar pelas compras de ambas.

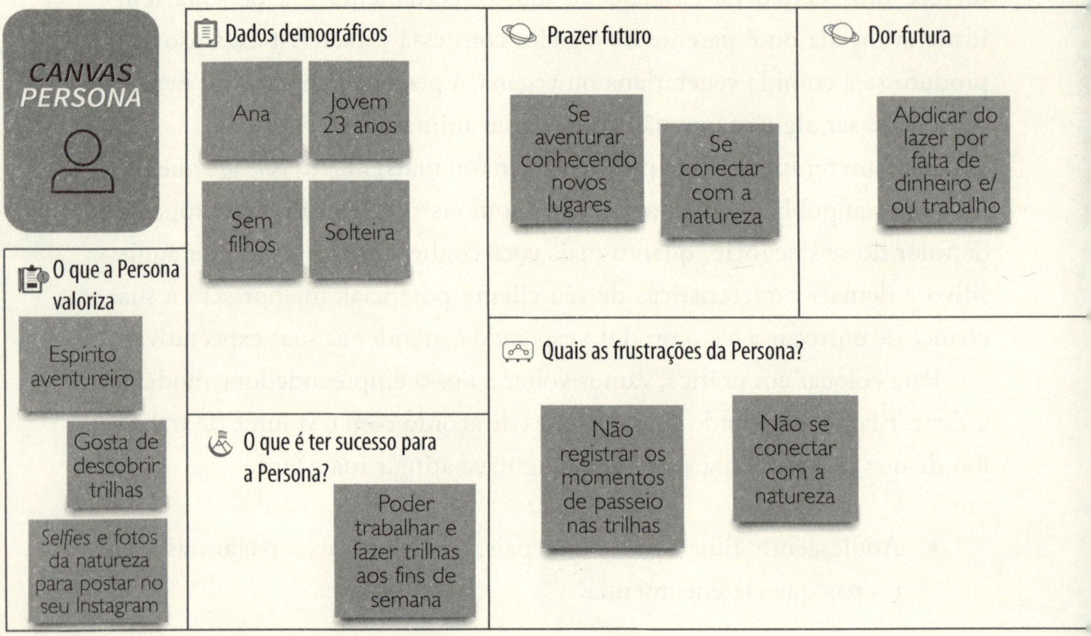
CANVAS PERSONA
Dados demográficos
Ana
Jovem 23 anos
Sem filhos
Solteira
Prazer futuro
Se aventurar conhecendo novos lugares
Se conectar com a natureza
Dor futura
Abdicar do lazer por falta de dinheiro e/ ou trabalho
O que a Persona valoriza
Espírito aventureiro
Gosta de descobrir trilhas
Selfies e fotos da natureza para postar no seu Instagram
O que é ter sucesso para a Persona?
Poder trabalhar e fazer trilhas aos fins de semana
Quais as frustrações da Persona?
Não registrar os momentos de passeio nas trilhas
Não se conectar com a natureza

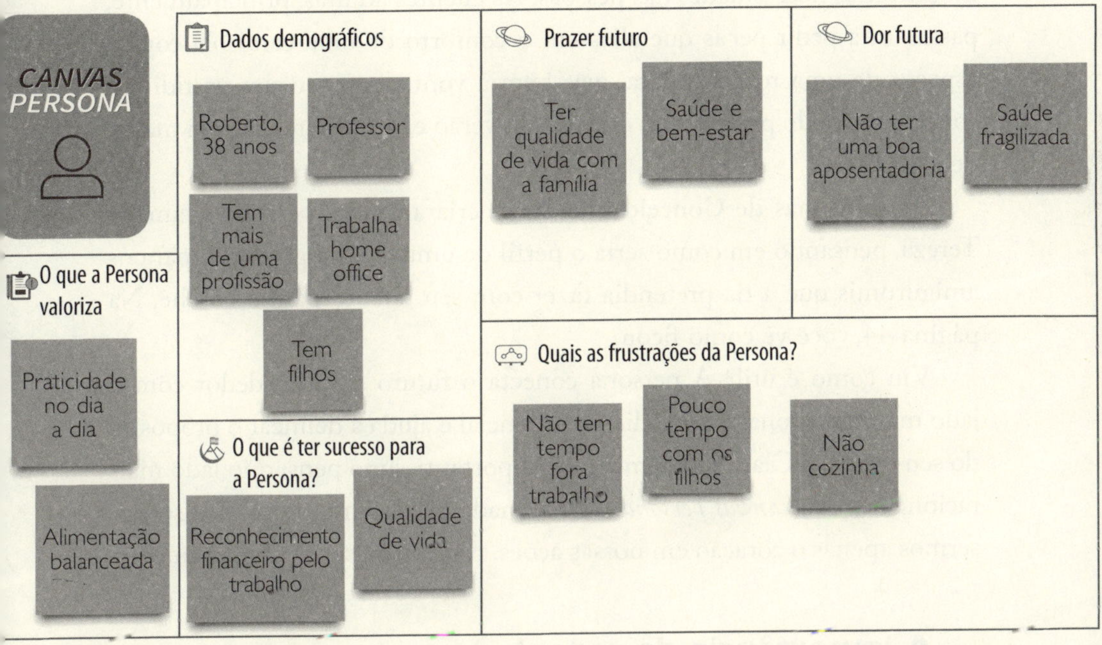

CANVAS PERSONA
Dados demográficos
Roberto, 38 anos
Professor
Tem mais de uma profissão
Trabalha home office
Tem filhos
Prazer futuro
Ter qualidade de vida com a família
Saúde e bem-estar
Dor futura
Não ter uma boa aposentadoria
Saúde fragilizada
O que a Persona valoriza
Praticidade no dia a dia
Alimentação balanceada
O que é ter sucesso para a Persona?
Reconhecimento financeiro pelo trabalho
Qualidade de vida
Quais as frustrações da Persona?
Não tem tempo fora trabalho
Pouco tempo com os filhos
Não cozinha

Esta última persona era a que ela conhecia melhor. Batizou-a como Elizabete e foi incluindo várias qualidades no perfil: ativa, trabalha fora, faz as tarefas de casa e as compras de mercado, ajuda as filhas com os deveres da escola e assim por diante. Veja como foi montado o *canvas persona* da Elizabete, na página 43.

As personas podem ir mudando, assim como mudam a moda e a vida. Se antes pensava em buscar moldes e padronagens diferentes e estilosas para blusas, *shorts*, vestidos e acessórios, Zezé viu a evolução da pandemia modificar as necessidades das pessoas. As clientes adultas, principalmente, passaram a pedir peças que aliassem o conforto de uma camisola com o aspecto de uma roupa bonita, mas bem à vontade, como um vestidinho solto, apropriado para os dias quentes do verão e, de preferência, em malha de algodão.

As sobrinhas de Conceição também criaram uma persona chamada Tereza, pensando em como seria o perfil de uma cliente potencial para os amigurumis que a tia pretendia fazer com seu talento para o crochê. Na página 44, você vê como ficou.

Viu como é útil? A persona conecta o futuro empreendedor com o lado mais emocional de seu cliente potencial e ajuda a delinear o propósito do seu negócio. Claro que também é importantíssimo pensar no lado mais racional do seu *canvas persona*. Afinal, nada se sustenta na prática se pusermos apenas o coração em nossas ações. É preciso usar a cabeça também.

A importância da rede de contatos

As parcerias-chave com que você poderá contar são fundamentais para a estrutura do seu empreendimento, e um exercício simples pode ajudar muito nesse momento: criar um **sociograma**.

"Opa! Mais um nome esquisito." Calma, não se assuste. Na verdade, é uma coisa bem simples e muito útil. Basta pegar uma folha de papel e escrever seu nome no centro. Em volta, comece a colocar os nomes de todas as pessoas que podem ajudar a fazer seu negócio progredir, começando

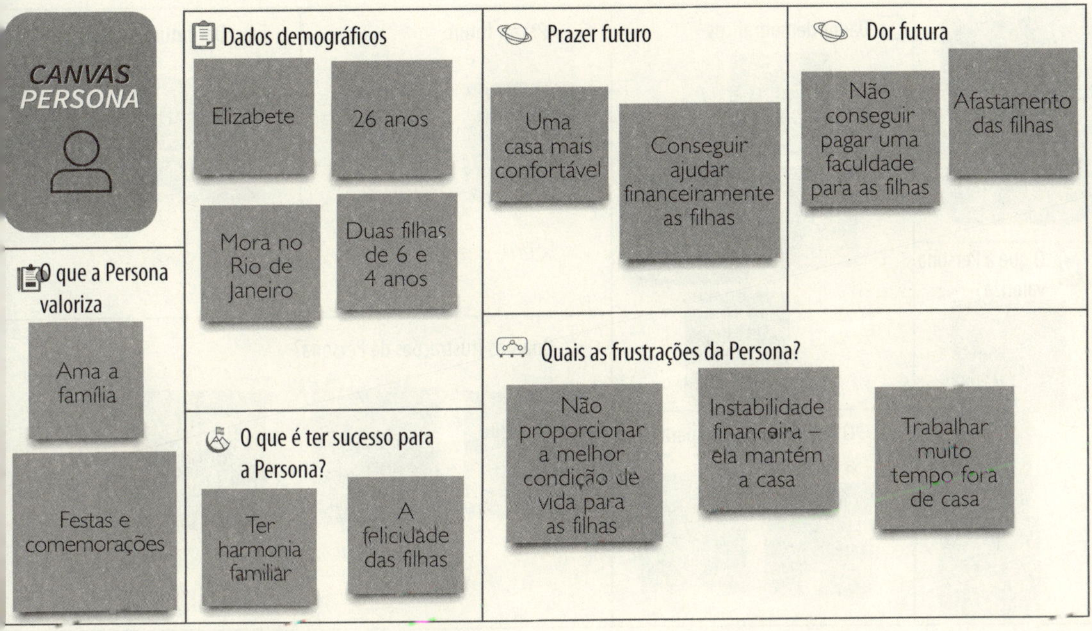

CANVAS PERSONA
Dados demográficos
Elizabete
26 anos
Mora no Rio de Janeiro
Duas filhas de 6 e 4 anos
Prazer futuro
Uma casa mais confortável
Conseguir ajudar financeiramente as filhas
Dor futura
Não conseguir pagar uma faculdade para as filhas
Afastamento das filhas
O que a Persona valoriza
Ama a família
Festas e comemorações
O que é ter sucesso para a Persona?
Ter harmonia familiar
A felicidade das filhas
Quais as frustrações da Persona?
Não proporcionar a melhor condição de vida para as filhas
Instabilidade financeira – ela mantém a casa
Trabalhar muito tempo fora de casa

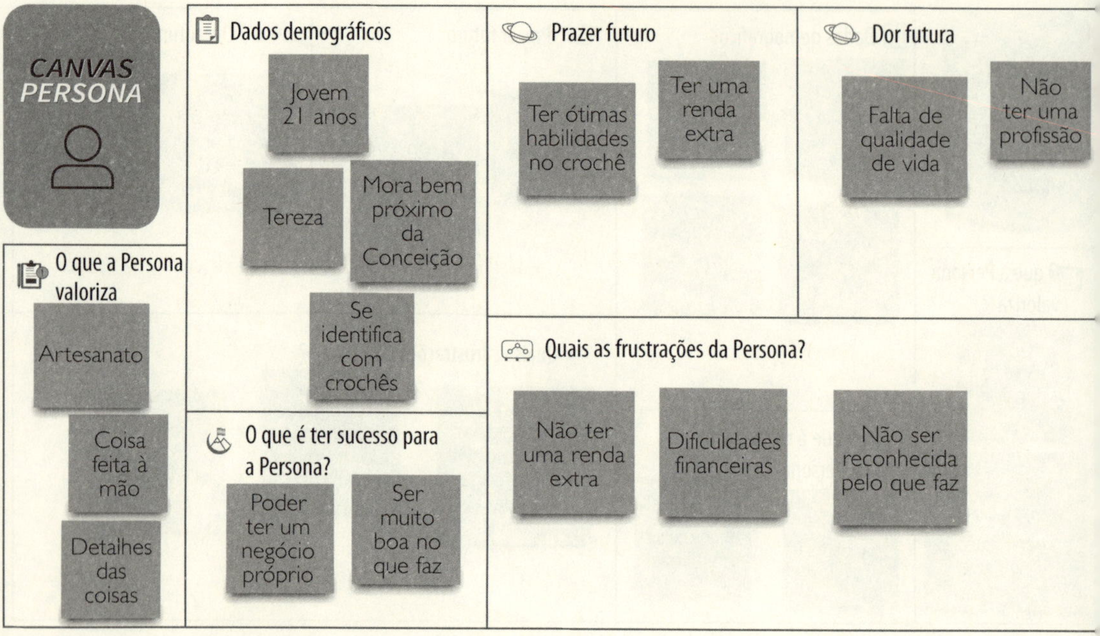
CANVAS PERSONA
Dados demográficos
Jovem 21 anos
Tereza
Mora bem próximo da Conceição
Se identifica com crochês
Prazer futuro
Ter ótimas habilidades no crochê
Ter uma renda extra
Dor futura
Falta de qualidade de vida
Não ter uma profissão
O que a Persona valoriza
Artesanato
Coisa feita à mão
Detalhes das coisas
O que é ter sucesso para a Persona?
Poder ter um negócio próprio
Ser muito boa no que faz
Quais as frustrações da Persona?
Não ter uma renda extra
Dificuldades financeiras
Não ser reconhecida pelo que faz

pelas mais próximas e indo cada vez mais longe. Inclua aí qualquer parente, amigo ou conhecido que possa colaborar com algum recurso-chave que você listou no primeiro *canvas*, seja emprestando um equipamento ou ferramenta, cedendo um espaço físico, enfim, tudo aquilo que possa contribuir para reduzir os gastos e promover seu produto ou serviço. Siga as instruções a seguir:

1. Pegue uma folha de papel maior e vários papéis pequenos (pode usar *post-its* adesivos).
2. No centro da folha, ponha seu nome ou uma foto sua.
3. Nos papéis menores, escreva os nomes de pessoas ou organizações que podem ajudar você. Cada nome deve estar em um papel diferente. Escreva o maior número possível.
4. Cole esses papéis pequenos na folha onde escreveu seu nome conforme a sua proximidade com cada um deles. Por exemplo: as pessoas com quem você tem mais contato devem ficar mais perto de seu nome. As que não são tão chegadas ficam em um círculo mais afastado e assim por diante.
5. Após colar todos os papéis em torno de seu nome, faça uma análise e verifique como está sua rede de relacionamentos hoje.

Veja na página 46 um modelo de sociograma bem fácil de preencher.

Aqui vão algumas perguntas que podem ajudar a montar seu sociograma: as pessoas ou organizações com as quais o seu negócio precisa ter um forte contato estão perto de você? Se não estiverem, o que é possível fazer para melhorar esta situação?

A Zezé pensou imediatamente nas filhas, nas amigas e primeiras incentivadoras, na sogra (que cede sua casa, tem máquina e também costura) e no marido (que se desloca muito pela cidade, fazendo trabalhos variados como autônomo). Ela usou *post-its* coloridos para ir montando o seu desenho. Veja na página 47.

MEU SOCIOGRAMA
IDEIA/NEGÓCIO

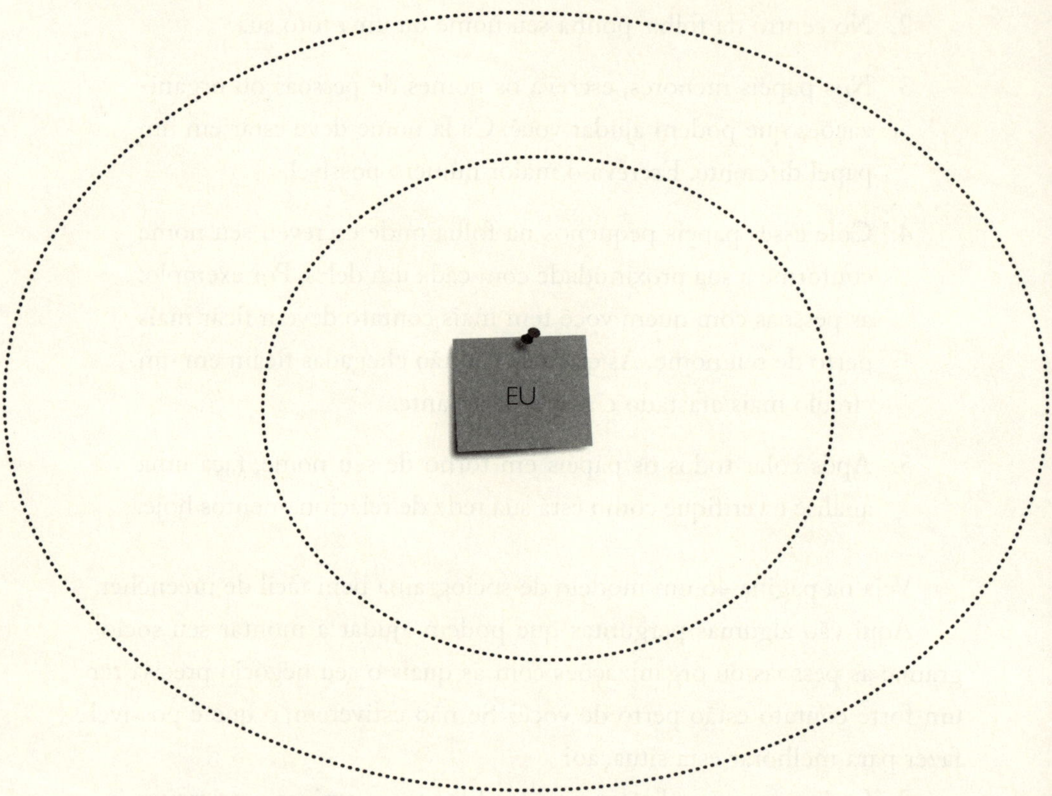

MEU SOCIOGRAMA
IDEIA/NEGÓCIO

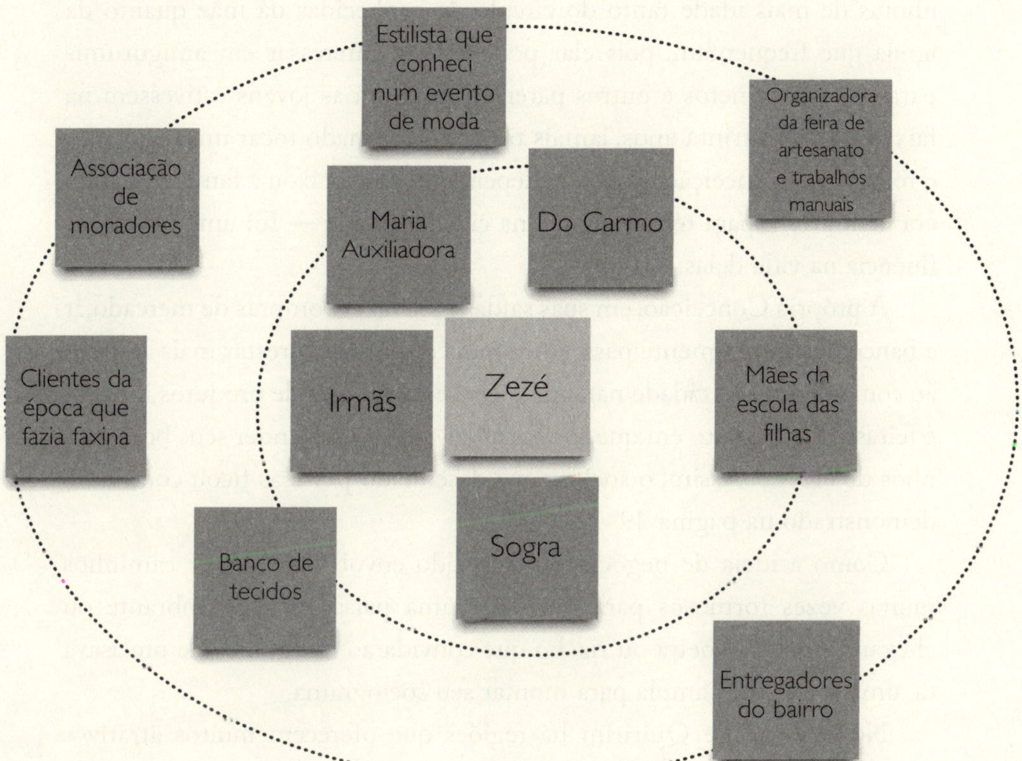

O importante é botar a cabeça para trabalhar e colocar tudo no papel, mesmo se achar que alguma coisa não tem importância. Assim fica mais fácil organizar as ideias e visualizar todas as possibilidades: quem está mais perto de você, disponível a qualquer hora; quem está um pouco mais longe, mas que também se dispõe a ajudar, tem tempo e pode contribuir de alguma forma para o seu negócio, até mesmo com conselhos; pessoas amigas ou conhecidas que já tenham experiência e podem ajudar, dando dicas preciosas.

No desenho feito pelas sobrinhas da Conceição, foram incluídas senhoras de mais idade tanto do círculo de conhecidas da mãe quanto da igreja que frequentam, pois elas poderiam se interessar em amigurumis para presentear netos e outros parentes. Embora as jovens estivessem na faixa de vinte a trinta anos, jamais tinham imaginado tocar um negócio, e o retorno de Conceição — a tia independente que deixou a família quando era bem jovem para tentar a sorte na cidade grande — foi uma ótima influência na vida delas.

A própria Conceição, em suas saídas para fazer compras de mercado, ir a banco ou simplesmente passear um pouco, passou a prestar mais atenção ao comércio de sua cidade natal para ver se havia lojas de produtos infantis e feiras de artesanato em que as sobrinhas pudessem vender seus bonequinhos de crochê. Assim, o sociograma desenhado por elas ficou como está demonstrado na página 49.

Como a ideia de negócio do Reinaldo envolvia percorrer caminhos muitas vezes tortuosos para descobrir uma paisagem deslumbrante ou chegar a uma cachoeira ou riacho que convida ao mergulho, ele precisava de uma folha mais ampla para montar seu sociograma.

No entorno de Quiririm há regiões que oferecem muitos atrativos para turistas dispostos a encarar alguns desafios para encontrar belezas naturais escondidas, como Cunha e Ubatuba. Além de pensar em amigos com interesses comuns (de preferência com conhecimento de línguas estrangeiras) e de procurar (inicialmente na internet) pousadas e restaurantes nas áreas que pretendia incluir em seus roteiros, Reinaldo descobriu

MEU SOCIOGRAMA
IDEIA/NEGÓCIO

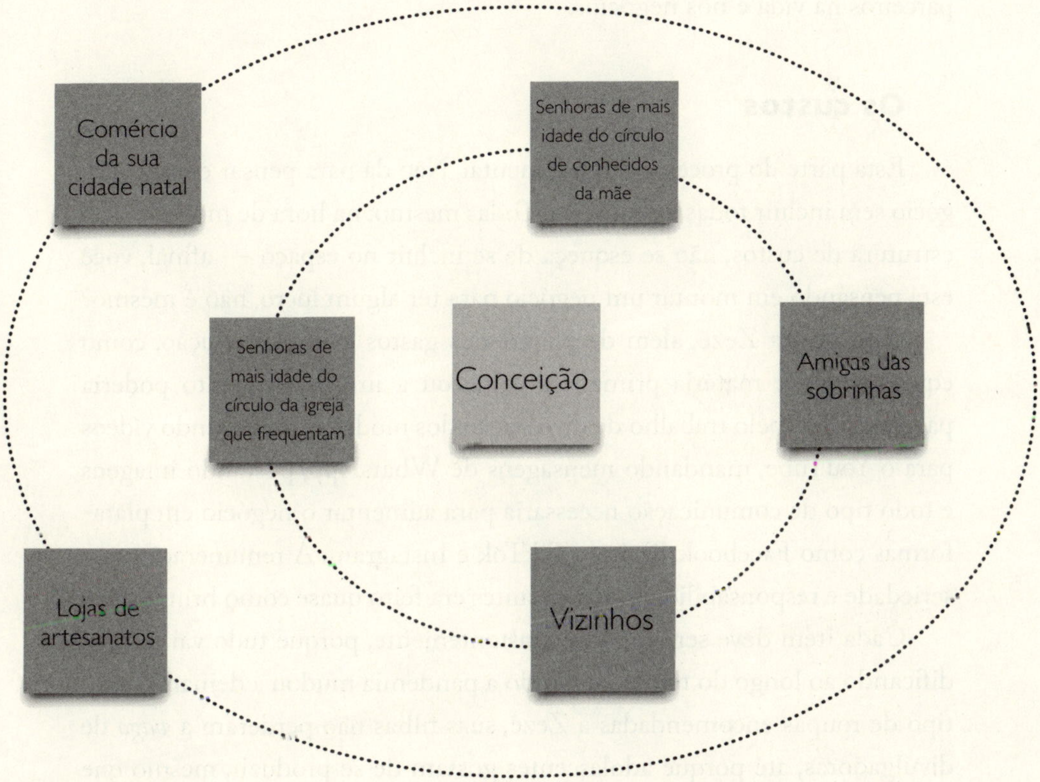

associações de trilheiros, uma possível fonte de informação e colaboração, e foi acrescentando tudo ao seu desenho. Veja na página 51.

Aos poucos, o sociograma vai tomando forma, geralmente com os parentes e amigos bem perto de você, o centro de toda a operação.

Sim, você está no centro do seu negócio!

É você que vai oferecer um serviço ou um produto, é você que vai buscar colaboradores e clientes, é você que vai supervisionar todas as etapas do seu empreendimento — e esse "você" pode ser plural, como no caso das sobrinhas da Conceição, irmãs que se tornaram sócias, ou de João e Graça, parceiros na vida e nos negócios.

Os custos

Esta parte do processo é fundamental. Não dá para pensar em um negócio sem incluir todas as despesas. Todas mesmo: na hora de montar a sua estrutura de custos, não se esqueça de se incluir no espaço — afinal, você está pensando em montar um negócio para ter algum lucro, não é mesmo?

No caso da Zezé, além de pensar nos gastos com a produção, como equipamento e matéria-prima, ela começou a imaginar quanto poderia pagar às filhas pelo trabalho de divulgação dos modelos, produzindo vídeos para o YouTube, mandando mensagens de WhatsApp, postando imagens e todo tipo de comunicação necessária para aumentar o negócio em plataformas como Facebook, Twitter, TikTok e Instagram. A remuneração traz seriedade e responsabilidade ao que antes era feito quase como brincadeira.

Cada item deve ser revisado constantemente, porque tudo vai se modificando ao longo do tempo. Quando a pandemia mudou a demanda pelo tipo de roupas encomendadas a Zezé, suas filhas não perderam a *vaga* de divulgadoras, até porque adolescentes gostam de se produzir, mesmo que seja só para conversar em vídeo com as amigas.

Já as irmãs da Zezé que também vieram morar no Rio — a família é grande, são muitos irmãos — se divertiram com o inusitado trabalho de "modelos mais maduras" para exibir os trajes adaptados ao novo estilo

MEU SOCIOGRAMA
IDEIA/NEGÓCIO

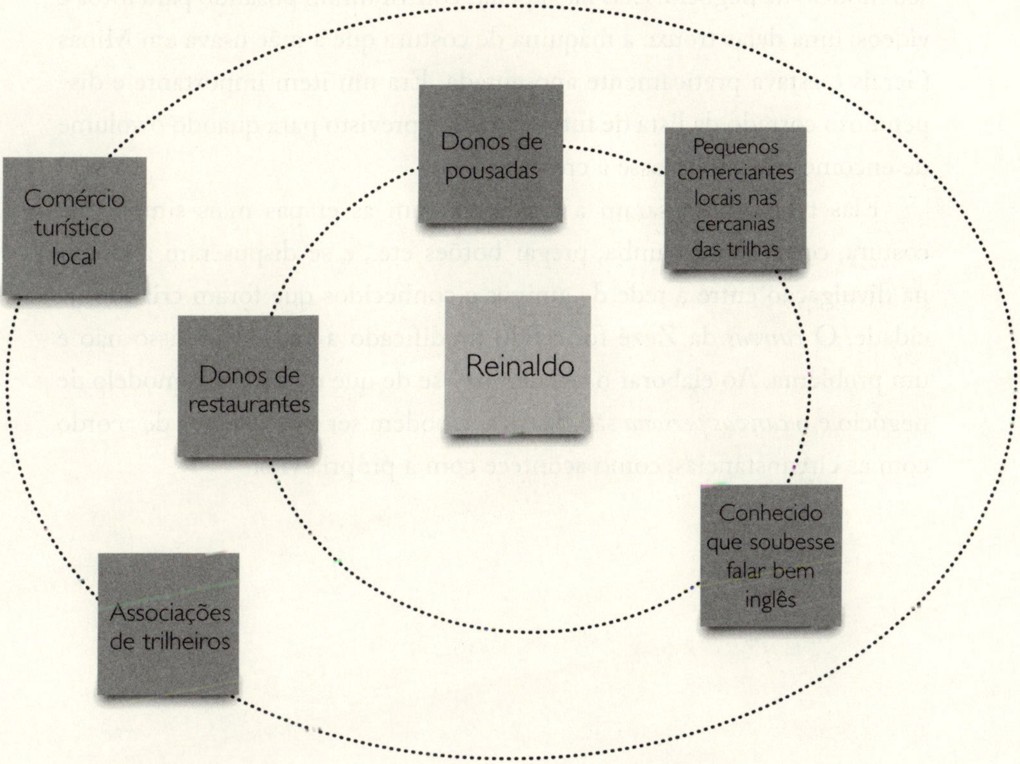

de vida das pessoas na quarentena. Muita gente, como as professoras das meninas, tinha passado a trabalhar à distância e queriam acrescentar comodidade às roupas na hora de ensinar pela internet enquanto os alunos não eram liberados para voltar às aulas presenciais.

Contribuição extra

A vinda de algumas irmãs da Zezé para o Rio de Janeiro reduziu custos que ela havia imaginado que teria e incluiu no bloco quando montava seu modelo de negócio. Elas não apenas contribuíram posando para fotos e vídeos: uma delas trouxe a máquina de costura que a mãe usava em Minas Gerais e estava praticamente aposentada. Era um item importante e dispendioso cortado da lista de futuros gastos, previsto para quando o volume de encomendas começasse a crescer.

Elas também passaram a colaborar com as etapas mais simples da costura, como fazer bainha, pregar botões etc., e se dispuseram a ajudar na divulgação entre a rede de amigos e conhecidos que foram criando na cidade. O *canvas* da Zezé foi sendo modificado a cada dia, e isso não é um problema. Ao elaborar o seu, lembre-se de que o *canvas* do modelo de negócio e o *canvas persona* são flexíveis e podem ser modificados de acordo com as circunstâncias, como acontece com a própria vida.

NEM TUDO SÃO FLORES

Até o momento aprendemos com a nossa empreendedora-modelo, Zezé, a importância de usar os *canvas* — aqueles quadros que vimos nos capítulos anteriores, que nos ajudam a entender melhor os vários aspectos que envolvem um novo negócio próprio, como identificação dos clientes, levantamento dos custos, as pessoas que podem ajudar, a criação de personas para entender o perfil do público e assim por diante.

Ao definir seus *canvas personas*, Zezé voltou a procurar a ajuda de Do Carmo, interessada em confirmar se as personagens que ela tinha criado representavam de fato suas clientes potenciais. Conversa vai, conversa vem, elas entraram em um novo tema extremamente importante: é preciso ter certeza de que seu empreendimento tem demanda, ou seja, se existem pessoas realmente interessadas no produto ou serviço que você está pensando em oferecer. É muito fácil se empolgar e achar que todo mundo pensa igual à gente, por isso vai gostar do que queremos vender. Aí, quando o negócio está todo pronto, a pessoa descobre que está com um estoque imenso de um produto que ninguém quer, ou se frustra porque não recebe nenhum telefonema requisitando seus serviços.

E não para por aí. Mesmo quando tem certeza de que a demanda existe, todo empreendedor precisa avaliar se o produto ou serviço que oferece está realmente atendendo às necessidades do cliente. Você pode ter muita gente interessada em compotas de doces feitas em casa, mas se a maioria quer as de goiaba e você só vende as de figo, então alguma coisa não está certa.

> **É muito fácil se empolgar e achar que todo mundo pensa igual à gente, por isso vai gostar do que queremos vender. Aí, quando o negócio está todo pronto, a pessoa descobre que tem um estoque imenso de um produto que ninguém quer, ou se frustra porque não recebe nenhum telefonema requisitando seus serviços.**

Foi a partir dessa conversa com Do Carmo que Zezé entendeu que é fundamental a etapa de **validação do problema**. Mesmo já costurando para algumas pessoas, ela se sentia insegura quando pensava em maneiras de ampliar a clientela. Pensava: "Será que, fora do meu círculo, há mesmo gente interessada nos meus modelos ou estou sonhando alto demais? Será que a pandemia mudou tanto o meu público a ponto de eu ter de repensar até o objetivo principal do meu negócio?" Ela precisava resolver essas questões antes de seguir em frente.

Não se iluda: por mais que um empreendedor se prepare, não dá para evitar os tais "acidentes de percurso". Não dá para acertar o tempo todo, e mesmo os maiores empresários de grandes corporações também erram. Faz parte do processo. Mas quanto mais a gente se previne, planeja e prepara, menor a chance de alguma coisa dar errado. Quando você comprova que existe realmente alguém querendo o seu produto ou serviço, fica mais fácil entregar a coisa certa para as pessoas certas. Isso vale para qualquer um, inclusive o casal João e Graça, que decidiu investir em quentinhas (ou "marmitex", como dizem os paulistas); para as sobrinhas da Conceição, dedicadas aos amigurumis; para o trilheiro Reinaldo; e para você também.

Por mais que um empreendedor se prepare, não dá para acertar o tempo todo, e mesmo os maiores empresários de grandes corporações também erram. Faz parte do processo. Mas quanto mais a gente se previne, planeja e prepara, menor a chance de alguma coisa dar errado.

A necessidade básica do cliente é também chamada de **dor** por alguns especialistas porque, às vezes, o serviço oferecido resolve um problema que é mesmo dolorido para o cliente. O termo pode ser meio dramático, mas é bom para intensificar essa demanda do cliente. Vamos trabalhar com ele, combinado?

Pense, por exemplo, em pessoas que têm filhos pequenos e se angustiam tentando descobrir com quem deixá-los na hora de sair para trabalhar porque a mensalidade de uma creche convencional não cabe no seu orçamento; ou alguém que tem vários cães, mas não encontra tempo para passear com eles. Essas dores são fáceis de identificar.

No entanto, o que é dor para uns pode ser prazer e até terapia para outros. No caso do passeio com cachorros, se você pensa em oferecer esse serviço em sua vizinhança, veja primeiro se as pessoas ao seu redor estão realmente precisando disso. Se a maioria dos seus vizinhos for composta por idosos independentes e aposentados, eles provavelmente vão dispensar o negócio que você idealizou, pois os passeios com seus animais são um momento de lazer agradável e proporcionam muitos benefícios para a saúde física e mental das pessoas em geral, como encontros com velhos conhecidos e alguns bons bate-papos. Some-se ainda o fato de eles geralmente terem tempo disponível para isso.

Faça perguntas

A melhor maneira de identificar o seu cliente e se certificar de que ele realmente precisa do serviço ou produto que você pretende criar e oferecer é **fazendo perguntas**. Num primeiro momento, evite as "perguntas fechadas", aquelas que têm respostas simples, como "sim" ou "não", "isso" ou "aquilo". Para facilitar, pense numa notícia jornalística, que começa contando uma história: o que aconteceu? Por que motivo? Como ocorreu? Quem estava envolvido? Em que situação? Formule perguntas que motivem respostas abertas, amplas, com o máximo possível de informações.

Procure pessoas que possuam um perfil parecido com o da persona que você imaginou para saber se elas têm as necessidades e os interesses do seu cliente potencial. Para validar o problema de forma efetiva, busque gente de fora do seu círculo mais íntimo, porque parentes e amigos podem responder às perguntas dizendo apenas o que você deseja ouvir para incentivar o seu empreendedorismo — a intenção deles pode ser boa, mas se o seu negócio é destinado a uma maioria composta por estranhos, você precisa conhecer as necessidades daqueles que não conhece bem.

> **Validar o problema é o que vai pôr o empreendedor na direção certa para alcançar sucesso com a sua ideia.**

Uma boa sugestão para o futuro empreendedor é começar a aplicar seu questionário num grupo de, pelo menos, trinta pessoas. Para chegar a elas, você pode usar a internet, criando, por exemplo, um formulário a ser enviado por e-mail, uma lista de transmissão do WhatsApp ou postado no Instagram e no Facebook. Você também pode fazer a enquete ao vivo ou por telefone. O importante é ter o retorno do público e saber se as pessoas reais que combinam com o perfil que você imaginou para o seu negócio precisam mesmo do produto ou do serviço a ser oferecido. Isso vai poupar tempo, energia e dinheiro. Validar o problema é o que vai pôr o empreendedor na direção certa para alcançar sucesso com a sua ideia.

A validação do problema da Zezé foi feita com a ajuda de vizinhas, professoras e amigas das filhas, que se encarregaram de sondar, num universo mais amplo, se havia outras pessoas como elas, gente que valorizasse a relação familiar por meio das comemorações e que estivesse cansada da moda padrão vendida nas lojas de shopping. Foram atrás das personas construídas pela Zezé. Procuraram a adolescente com menos recursos financeiros e de classe média, aquela interessada em trajes personalizados. Buscaram a mãe e a avó que gostam de estreitar laços com filhas e netas usando um detalhe ou acessório combinando com as roupas delas.

As perguntas foram formuladas com a ajuda da sogra e das filhas, que também se encarregaram de repassá-las pelo Messenger e pelo WhatsApp, meios que ela também utilizaria para fazer futuras vendas. Zezé ficou muito feliz e aliviada com o resultado. O retorno foi bom, oferecendo a ela algumas novas ideias e confirmando a Elizabete como sua principal persona: mulheres e jovens em sua grande maioria.

Houve algumas surpresas, claro. Como já foi comentado aqui, parte dos potenciais clientes poderia ter mudado drasticamente suas necessidades e "dores" ao longo da pandemia, exigindo ajustes no *canvas* para se adaptar à nova situação. Mas as fantasias e os trajes especiais para festas, especialmente os infantis, combinando com toalha, guardanapos e outros enfeites, demonstraram ter um potencial ainda maior do que ela havia previsto. Afinal, mesmo que as festinhas tenham reduzido de tamanho, os aniversários não deixaram de ser celebrados. A "dor" da persona Elizabete ainda existia, o fortalecimento dos laços familiares ficou ainda mais importante durante a pandemia e essas comemorações passaram a ter mais importância do que tinham antes.

Nessa hora, é importante não dar espaço para a preguiça. Quanto mais gente você ouvir, maiores são as suas chances de sucesso em seu negócio. Lembre-se, porém, de buscar pessoas que são seu público-alvo nessa pesquisa para ter o retorno de quem você realmente irá atender. Algumas necessidades nas quais ainda sequer havia pensado podem surgir no meio das respostas.

Se a validação não for positiva num primeiro momento, não se desespere. Pare e repense algumas questões:

- Estou falando com as pessoas certas?
- Estou fazendo as perguntas certas?
- Estou me alongando demais? Posso ter um resultado mais eficaz se fizer perguntas mais objetivas, elaboradas num questionário menor?
- Estou usando o melhor canal — on-line ou off-line — para chegar às pessoas?
- Será que consigo adaptar meu produto ou serviço para suprir efetivamente as necessidades ou "dores" que os clientes trouxerem para mim?

Tudo isso pode e deve ser avaliado antes de você abrir o seu negócio, pois qualquer proposta de valor está fadada ao fracasso se não tiver público.

Quanto mais gente você ouvir, maiores são as suas chances de sucesso em seu negócio. Lembre-se, porém, de buscar pessoas que são seu público-alvo nessa pesquisa para ter o retorno de quem você realmente irá atender.

Indo além

Empreendedores como o Reinaldo, cujo modelo de negócio exige deslocamento para áreas muitas vezes distantes de onde ele mora, terão que descobrir, a partir do perfil idealizado na persona, se o cliente existe mesmo fora da sua zona de conforto. Formulários distribuídos via internet e em pousadas, hotéis e restaurantes, aliados à postagem de vídeos que permitam a medição do retorno do público, são ferramentas importantes e muito úteis.

Existem pessoas como a "Ana" que ele havia idealizado? Há mesmo jovens de vinte e poucos anos, solteiras, sem filhos e com espírito aventureiro interessadas em caminhadas na floresta? Elas preferem fazer passeios com ida e volta no mesmo dia? Tomam essa iniciativa sozinhas ou se reúnem em grupos?

Não importa se o seu cliente quer um vestido confortável, um bichinho de crochê, uma quentinha na hora do almoço ou uma aventura num parque ecológico: ele precisa existir no mundo real, desejar de verdade seu produto ou serviço, ter a "dor" ou problema que você havia imaginado.

Imagine uma peça de teatro sem público na plateia ou um filme que não chegue a ninguém, seja no cinema, na televisão ou nos canais de *streaming*. É impossível ter lucro dessa forma, não é mesmo? O capital investido na produção vira pó e não há como pagar elenco e equipe técnica, o que significa tempo, dinheiro e talento perdidos, além de dívidas com fornecedores, parceiros e todos os demais envolvidos no projeto.

A validação do problema evita contratempos desse tipo. Sabendo que há, de fato, pessoas de carne e osso com necessidade do que você imaginou oferecer a elas, que precisam de verdade de uma solução para algum problema ou dor e que essa solução é o produto ou serviço no qual você quer investir, mesmo que ele precise de alguns ajustes, dificilmente o seu trabalho será um desperdício, ainda que possa sofrer reveses e mudanças ao longo do caminho.

O empreendimento de sucesso exige um público-alvo, que pode ser grande, médio ou pequeno, do tamanho do negócio que você se propõe a criar. Sonhe, mas não perca de vista o mundo real em que o seu empreendimento vai existir e em que você vai atuar.

DO PROBLEMA À SOLUÇÃO

Para aprendermos mais sobre as ferramentas que nos ajudam a trilhar o caminho do sucesso em nosso negócio, continuamos acompanhando a trajetória de nossa empreendedora-modelo, a Zezé. Ela já sabe que o negócio de seus sonhos é viável e, de fato, existe um público interessado nas roupas e acessórios que produz. Também identificou o tipo de demanda (a dor, o problema ou o desejo) do cliente. Com isso em mente, ela partiu para a etapa seguinte, que é validar a solução — em outras palavras, testar o produto ou serviço, bem como sua proposta de valor.

Como fizera em outros momentos de dúvida, Zezé pediu a ajuda de Do Carmo, a amiga especialista em administração que sempre tinha um bom conselho para dar. Nesse momento, ela foi apresentada a um conceito muito importante, representado por três letras: MPV.

Mínimo produto viável

Toda vez que conversava com a amiga, Do Carmo repetia: "O trabalho do empreendedor está sempre evoluindo, mesmo antes de ser posto em prática. Ele nunca para." Isso se aplica, em grande medida, ao aprendizado. Considerando as mudanças políticas, econômicas e de comportamento da sociedade, o que você faz pode ser muito bom, mas é preciso atualizar seu projeto e validá-lo na prática.

Foi por isso que Do Carmo falou a Zezé sobre o **mínimo produto viável**, também conhecido como **MPV**, uma espécie de piloto do seu produto ou serviço, que não precisa estar totalmente acabado para ser posto à prova. Seguindo essa metodologia, empreendedor corre menos risco de investir numa ideia e ter um retorno inferior ao tempo e ao dinheiro investidos em sua realização — e **realização** não é apenas "algo que se põe na prática" ou "algo que se consegue com algum esforço": a palavra tem a mesma origem de "realidade", quer dizer, o mundo real em que você vai atuar.

Vários elementos podem ser incluídos nessa "versão beta" ou "versão de teste". O momento é de simular tudo o que você pensou para montar o seu negócio e testar a eficácia do modelo sem fazer, ainda, grandes investimentos na proposta. Nesse momento, é aconselhável buscar quem está por perto e que pode ajudar na divulgação, aumentando o alcance de sua pesquisa.

O caso de Zezé se aplica a qualquer pessoa, incluindo você. Ela entendeu que precisava divulgar os modelos que estava produzindo para sentir a aceitação sem gastar muito dinheiro para evitar prejuízos. As filhas da costureira a ajudaram, criando um grupo de discussão com as amigas e colegas de turma e outro com professoras, ambos no Facebook. O fato de algumas pessoas já conhecerem o trabalho de Zezé ajudou bastante.

Veja no exemplo da página 63 quais os elementos de que você precisa para fazer este cálculo do MPV.

Executar a ideia é fundamental, mas evite altos custos enquanto o negócio não está consolidado. Uma página na internet, com divulgação pelo WhatsApp, ou Facebook, Instagram e outras mídias sociais, pode dar um retorno imediato dos seus potenciais clientes. Isso pode poupar você de uma enorme dor de cabeça.

O que tenho? Liste os materiais disponíveis para realizar o seu MPV

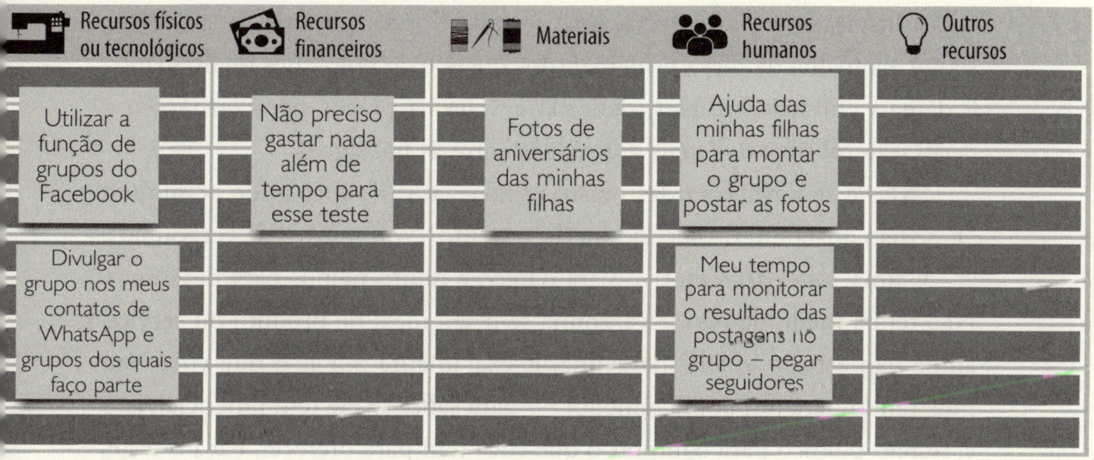

> **Executar a ideia é fundamental, mas evite altos custos enquanto o negócio não está consolidado. Isso pode poupar você de uma enorme dor de cabeça.**

Isso é apenas um teste

Já sabendo que as fantasias e os acessórios para festas infantis tinham dado um retorno inesperado na fase de validação do problema, as filhas de Zezé procuraram fotos de alguns de seus aniversários para postar. Uma delas, inspirada na primavera, teve motivo floral na roupa da aniversariante, na toalha da mesa principal (dos doces e do bolo), nos guardanapos e demais enfeites. Simples, delicada e viável a preços bem razoáveis, a decoração foi uma das mais apreciadas entre as postagens.

"Mas e se a resposta das pessoas for negativa?", você pode perguntar. "E se não gostarem do serviço ou do produto? Vou morrer de vergonha!"

Calma, isso não é motivo para pânico e muito menos para desânimo. Não tenha medo de passar vergonha se o seu ideal de produto ou serviço ainda não estiver aquela maravilha. É exatamente por isso que você está mostrando para um público menor — para saber se ele tem potencial, isto é, se tem público para comprar o que você tem para oferecer. Faça o teste, tendo em mente que é mesmo apenas disso que se trata: uma experimentação para ver o que funciona e o que é preciso melhorar.

Reinaldo, por exemplo, decidiu testar o seu modelo de negócio organizando um primeiro passeio ecológico curtinho. Escolheu um local próximo de casa e usou os recursos de que já dispunha. Nada de comprar material novo ainda. A tabela do MPV dele ficou da seguinte maneira:

O que tenho? Liste os materiais disponíveis para realizar o seu MPV

Recursos físicos ou tecnológicos	Recursos financeiros	Materiais	Recursos humanos	Outros recursos
Divulgar a trilha nos meus contatos do WhatsApp e grupos de trilheiros dos quais faço parte	Não preciso gastar nada além de tempo para esse teste	Equipamentos que já possuo em casa	Pedir para amigos que chamem conhecidos para participar de uma caminhada na mata	Local próximo de casa
				Rota curta e conhecida

A primeira coisa que Reinaldo fez foi pedir a alguns amigos que chamassem conhecidos deles para participar de uma caminhada na mata. O trilheiro ficou muito feliz com o resultado e teve uma surpresa em seu teste: a cliente que ele havia imaginado em seu *canvas persona* existia na vida real! Na verdade, havia mais de uma "Ana" no grupo, e todos elogiaram as fotos que ele fez para registrar a aventura.

O que ele não esperava é que aparecessem tantos casais jovens interessados no programa ecológico. Eles também se mostraram dispostos a encomendar um passeio que incluísse acampamento de uma noite para aproveitar ao máximo as belezas naturais de lugares que tivessem rios ou cachoeira próprios para um mergulho.

Só na prática é possível avaliar se você é capaz de entregar um serviço ou produto com boa qualidade. Por isso mesmo, Reinaldo decidiu fazer um novo teste para ver se tinha condições de oferecer uma opção de acampamento bom e confortável para solteiros e casais. Decidiu combinar com algum dono de pousada a possibilidade de anunciar na recepção até formar um pequeno grupo de interessados em trilhas.

Validando o seu produto com o **mínimo viável**, você consegue perceber muito mais claramente tudo que ainda pode faltar para alcançar o seu ideal. Além disso, os próprios clientes podem dar ideias que jamais lhe passaram pela cabeça. Por isso, mantenha os olhos e ouvidos sempre atentos às sugestões. A sua proposta de valor certamente será enriquecida ao longo do teste — ou dos testes, quantos forem necessários para validar a sua "solução" (produto) para o "problema" (anseio, dor ou desejo) do seu público-alvo.

Parece trabalho de formiguinha... e, de certa forma, é isso mesmo. Na fase de testagem do seu produto ou serviço, é importante criar uma lista de tudo que você já tem em mãos. Esqueça o que você pretende ter quando o seu negócio começar a funcionar de verdade: pense nos recursos de que você dispõe, não no que ainda lhe falta. Lembre-se que essa fase é de teste, não desista se encontrar obstáculos. Se alguma coisa der errado, use isso como aprendizado, corrija a falha e teste outra vez.

Validando o seu produto com o mínimo viável, você consegue perceber muito mais claramente tudo que ainda pode faltar para alcançar o seu ideal. A sua proposta de valor certamente será enriquecida ao longo do teste.

A validação do negócio

Já está claro que há um público com necessidade do serviço que você pensou em oferecer? Ainda há lacunas a serem preenchidas? Você gostaria de comprar máquinas de costura mais modernas ou uma câmera com mais recursos para filmar e fotografar seus passeios? Ou você acredita ser capaz de entregar um bom produto ou serviço com o que já tem e pode deixar a compra de novas ferramentas para mais tarde, quando o dinheiro começar a entrar?

É hora de validar de verdade e estruturar o seu negócio, de ver como o formato dado a ele pode render e crescer. O **mínimo produto viável** pode mudar e evoluir com o tempo, mas é sempre a melhor ferramenta para você avaliar toda nova ideia que surgir. Teste o seu produto ou serviço com o recurso disponível e meça o interesse do cliente antes de investir.

A **validação da solução** vai resgatar vários aspectos do seu *canvas*. Alguns serão reavaliados e poderão sofrer ajustes. Nunca se esqueça de que a *tela* não é escrita em pedra. Ela sempre pode ser mexida, reavaliada e redesenhada de acordo com as necessidades de seus clientes iniciais e dos novos clientes que forem aparecendo no caminho.

Para ter uma ideia, veja a seguir as mudanças que Zezé, a empreendedora que estamos usando como modelo, realizou em seu *canvas de modelo de negócio*. Repare que ela retirou alguns *post-its* e incluiu outros como resultado de sua fase de testagem, isto é, de elaboração de seu MPV.

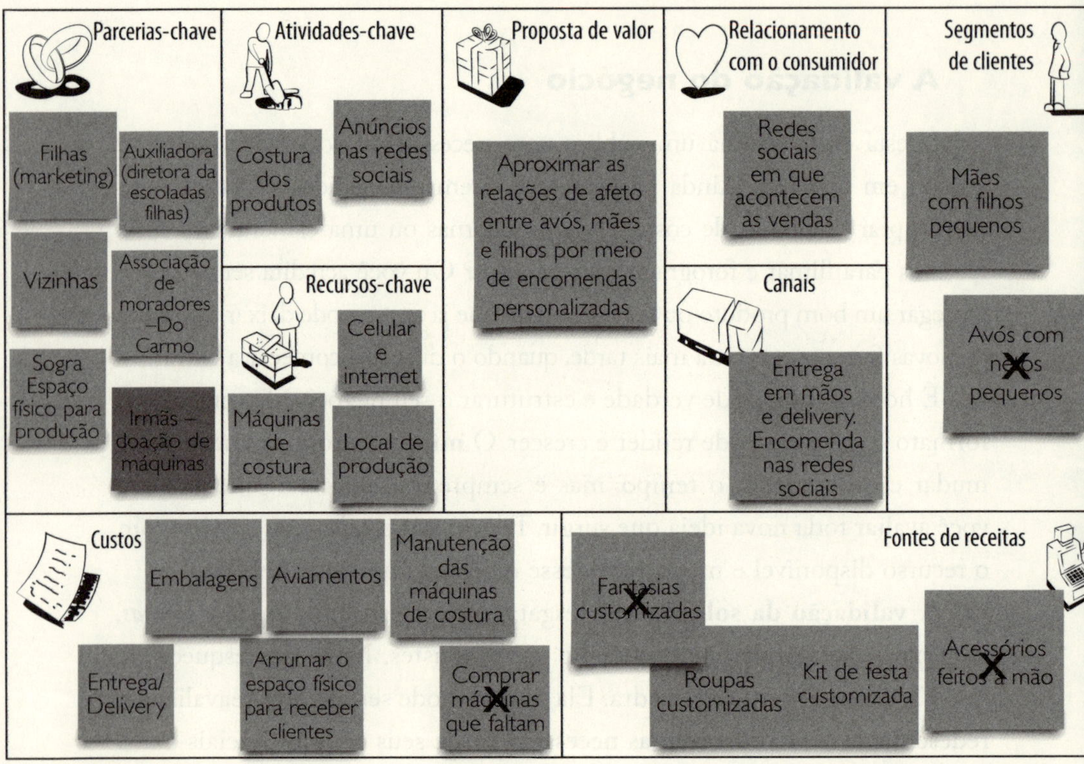

Parcerias-chave
Filhas (marketing)
Auxiliadora (diretora da escoladas filhas)
Vizinhas
Associação de moradores –Do Carmo
Sogra Espaço físico para produção
Irmãs – doação de máquinas
Atividades-chave
Costura dos produtos
Anúncios nas redes sociais
Recursos-chave
Celular e internet
Máquinas de costura
Local de produção
Proposta de valor
Aproximar as relações de afeto entre avós, mães e filhos por meio de encomendas personalizadas
Relacionamento com o consumidor
Redes sociais em que acontecem as vendas
Canais
Entrega em mãos e delivery. Encomenda nas redes sociais
Segmentos de clientes
Mães com filhos pequenos
Avós com netos pequenos
Custos
Embalagens
Aviamentos
Manutenção das máquinas de costura
Entrega/ Delivery
Arrumar o espaço físico para receber clientes
Comprar máquinas que faltam
Fontes de receitas
Fantasias customizadas
Roupas customizadas
Kit de festa customizada
Acessórios feitos à mão

Durante a MPV (ou fase de testagem), você pode descobrir que o seu cliente é majoritariamente feminino (no caso da costureira) ou que há casais querendo acampar (no caso do trilheiro), embora a ideia não lhe tivesse ocorrido. Quem sabe há mais homens interessados em moda do que você havia imaginado? E se adolescentes quiserem enfeitar o quarto com amigurumis, já pensou nisso? Se os jovens também tiverem necessidade de comprar quentinhas, a inclusão de batatas fritas na refeição pode ser um atrativo interessante?

João e Graça decidiram testar suas marmitas numa pousada em que ela havia trabalhado. O lugar era pequeno e só oferecia café da manhã. "Pode ser que os hóspedes prefiram economizar pedindo uma quentinha na hora do almoço, deixando para ir a um restaurante à noite para jantar. Quem sabe?", o casal pensou.

> **Toda informação é valiosa e ajuda a melhorar o que você pretende vender.**

Lembra-se da Conceição e de sua habilidade com o crochê? Como não tinham ainda uma grande produção, as sobrinhas dela resolveram fazer o teste postando imagens de amigurumis que encontraram na internet para ver quais bichinhos agradavam mais aos possíveis clientes. E o resultado serviu para orientar o trabalho da tia.

Tudo que você descobrir ao longo de um teste (ou dois ou mais) servirá para validar o seu negócio e colocá-lo em prática. Toda informação é valiosa e ajuda a melhorar o que você pretende vender. Portanto, avalie os riscos que está disposto a correr e a energia que pretende investir. Veja os blocos do *canvas* que entram no seu produto e na sua **estratégia de venda**.

A ESTRATÉGIA DE VENDA

Com a sua proposta de negócio e de valor ajustada e validada no *canvas*, é hora de fazer a sua primeira venda. Você já conhece o seu cliente, sabe o que ele quer e sabe como seu produto ou serviço pode satisfazer a necessidade ou suprir a demanda. Se você já ganhava algum dinheiro com a atividade que agora pretende ampliar e transformar em negócio de verdade, no mercado formal — como a Zezé, que considerava a costura apenas um *bico* —, é hora de implementar todas as melhorias que surgiram nas fases de testagem e validação.

Impacto social

Antes de pensar no dinheiro que vai entrar na sua conta, tenha em mente que o seu trabalho, seja ele um produto ou serviço, vai gerar um impacto social ou ambiental, e cabe a você fazer dele uma coisa positiva. A Zezé já contribuía para o consumo consciente, aproveitando sobras de tecido e transformando lixo em moda: o que seria mais um pedaço de pano descartado virava um enfeite de cabelo que combinava com a saia ou um cinto para o vestido e muitas outras coisas. Mesmo assim, procurou Do Carmo novamente para saber como podia colaborar ainda mais.

A administradora orientou Zezé a fortalecer o comércio do seu bairro, procurando comprar material com os comerciantes locais e negociando bons preços. Da mesma forma, ela poderia fortalecer a rede de mulheres e/ou de baixa renda empreendedoras. Assim, a costureira foi apresentada a um grupo formado por muitas pessoas que ela já havia ajudado, algumas delas participantes da mesma associação de moradores em que as duas se conheceram.

Do Carmo ressaltou a importância da união das mulheres na hora de formar parcerias para valorizar a força de trabalho que elas representam no Brasil. Também citou outros grupos de apoio voltados especificamente para negros e negras, que representam 56% da população e 51% dos empreendedores do país.

Muitos desses grupos também ajudam empreendedores a fazer uma comunicação inclusiva de seus produtos, não apenas envolvendo mulheres negras, mas também pessoas com deficiência, integrantes do movimento LBGTQIA+ e membros de todas as comunidades que enfrentam preconceitos e dificuldades de se reconhecer na maioria do que é veiculado na grande mídia.

> **É importante a união das mulheres na hora de formar parcerias para valorizar a força de trabalho que elas representam no Brasil. Há também grupos de apoio voltados especificamente para as pessoas negras, que representam 56% da população e 51% dos empreendedores do país.**

Responsabilidade, segurança e representatividade

No caso dos amigurumis, não é preciso ir muito longe para agregar valor ao material usado neles porque é simples encontrar utilidade para objetos miúdos ou paninhos. Qualquer detalhe, como um simples botão colorido, pode dar mais vida a um belo bonequinho de crochê. É só se lembrar de prendê-lo bem para não parar na boca de alguma criança muito pequenininha.

Cuidado e capricho valorizam o seu negócio, e é responsabilidade do empreendedor garantir a segurança dos clientes que compram seus produtos ou contratam seus serviços. Lembre-se sempre disso. Pense nas consequências de um produto (ou serviço) malfeito, do botão do amigurumi à temperatura da quentinha (ou marmita), da roupa bem ajustada ao passeio inesquecível na mata. Tudo exige atenção!

Cuidado e capricho valorizam o seu negócio, e é responsabilidade do empreendedor garantir a segurança dos clientes que compram seus produtos ou contratam seus serviços.

Para fazer o produto ganhar representatividade, as sobrinhas da Conceição pensaram em fazer bonequinhas de princesas pretas. Elas encontraram inspiração na internet, onde viram amigurumis da Moana e da Tiana, protagonistas de desenhos animados bem conhecidos. Quando mostraram os modelos para a tia, Conceição encontrou amigurumis de sua santa de devoção, Nossa Senhora Aparecida, negra e padroeira do Brasil.

Quando morava no Rio, Conceição e um grupo de amigas e empregadoras fretavam todo ano um ônibus para ir a Aparecida do Norte, em São Paulo, na data dedicada à santa, dia 12 de outubro, que é feriado nacional. A pandemia suspendeu as romarias, mas Conceição aguardou que os casos de Covid-19 fossem controlados para voltar a fazer o passeio, agora com as amigas de Minas Gerais, para as quais apresentou o trabalho das sobrinhas. Logo ela passou a receber algumas encomendas da santinha em crochê.

Consumo consciente

Nos acampamentos com os pais, Reinaldo aprendeu a sempre recolher o lixo e apagar bem o fogo, deixando o lugar como se ninguém tivesse colocado os pés ali. Preservar a natureza foi uma lição que entrou naturalmente em sua vida, e agora ele podia transmiti-la aos grupos que acompanhava. Manter rios, cachoeiras e caminhos limpos já é um grande começo para um empreendimento ainda pequeno.

Evitar o desperdício de alimentos também é uma atitude ecológica e economicamente correta. João já tinha um bom conhecimento na área, adquirido nas cozinhas escolares. Entre outros *macetes*, aprendeu a aproveitar as aparas de carne: em vez de jogar fora as partes mais fibrosas ou gordurosas, elas iam para outra panela onde viravam um excelente caldo para ser usado como base de sopas e refogados em geral.

Graça aprendeu a mesma lição de modo inverso: ficava indignada com o que via ir para o lixo nos hotéis e restaurantes em que trabalhou. Em casa, com a ajuda do marido, aprendeu a utilizar talos, cascas e folhas de legumes para dar novo sabor aos pratos.

Juntos, eles aplicaram tudo que aprenderam em suas quentinhas, que podiam custar menos com essas práticas.

O impacto positivo do casal começava na escolha dos produtos que entravam nas refeições, pois os dois só faziam compras no comércio da vizinhança, orientando os vendedores de feiras e mercados locais a não jogar fora os talos e folhas de brócolis, cenoura, beterraba e outros vegetais porque sabiam que a maioria poderia ser aproveitada.

Como colaborar

O seu negócio pode gerar impacto social positivo na sua comunidade se você comprar de fornecedores locais, por exemplo, sempre se certificando de que eles são patrões justos e tratam bem seus funcionários. Seu produto ou serviço também pode ser positivo para a sociedade em geral, com divulgação e produtos inclusivos, dirigidos a pessoas de todos os gêneros, crenças e etnias. Preconceito não combina com trabalho justo e digno.

> **Mulheres e negros ainda têm de lutar muito para provar que são tão (ou mais) competentes quanto homens brancos e para ganhar o respeito que merecem como empreendedores e profissionais de qualquer área.**

As recomendações da Organização Internacional do Trabalho (OIT) podem ser traduzidas nestes preceitos que todo empreendedor deve buscar:

- **Organização do tempo e produtividade** — equilibre as horas dedicadas ao trabalho com um tempo de descanso e lazer; pense em sua saúde física e mental. Se você estiver descansado, será mais produtivo também.
- **Precificação** — estabeleça não apenas o preço dos seus produtos: a sua hora de trabalho também tem um valor em dinheiro e deve ser remunerada. Se precisar, consulte tabelas de sindicatos e o piso salarial estipulado pelo governo para a sua área de atuação e faça as contas para saber quanto vale cada hora trabalhada.
- **Contratação de funcionários e parcerias** — estabeleça relações justas e inclusivas com seus colaboradores, tudo de forma digna e de acordo com os direitos trabalhistas. Busque parceiros entre os grupos menos privilegiados da sociedade e muitas vezes esquecidos, como as pessoas com deficiência, as mulheres negras e indígenas e comunidade LGBTQIA+.
- **Clientes** — eles também devem oferecer valores e prazos decentes e valorizar uma relação justa com você. O empreendedor

deve sentir que o seu trabalho é valorizado pelo cliente e não pode aceitar uma relação que lhe seja prejudicial.

Se em algum momento você tiver alguma dúvida e achar que se desviou do caminho, pare e reflita:

- Minha rede de contatos, parceiros e clientes inclui quantas mulheres e quantos negros?
- Meus contatos incluem imigrantes, pessoas com deficiência e membros da comunidade LGBTQIA+?
- Estou contribuindo para melhorar e fortalecer o ambiente empreendedor em geral?

Como já foi comentado acima, as estatísticas comprovam que os obstáculos para negros e mulheres são maiores até hoje no país, e isso não é diferente no mundo do empreendimento. Mulheres e negros ainda têm de lutar muito para provar que são tão (ou mais) competentes quanto homens brancos e para ganhar o respeito que merecem como empreendedores e profissionais de qualquer área. Você pode ser parte da solução desse problema com o seu negócio.

FORMAL OU INFORMAL?

O modelo de negócio do empreendedor chega ao momento crucial quando ele se organiza e encara a dúvida: devo ou não entrar para o mercado formal? A questão costuma surgir quando os clientes começam a pedir nota fiscal, o que você só pode emitir se estiver “formalizado”.

Foi o que aconteceu com Zezé, a empreendedora que tem servido de modelo para darmos exemplos práticos das orientações contidas neste livro. Diante de um cenário promissor com a estabilização da pandemia, uma integrante da rede de empreendedoras negras à qual ela foi apresentada por Do Carmo começou a pensar na expansão de seu negócio: um salão de beleza especializado em penteados afro.

Antes de ampliar, porém, decidiu fortalecer a marca e atrair mais clientela. Para isso, uma das ações seria investir na customização dos trajes das atendentes, com cores em tons terra e detalhes com estampa tipicamente africana. A encomenda foi feita a Zezé, que precisaria fornecer nota fiscal para a empreendedora, e as duas foram buscar orientação com Do Carmo.

Outros exemplos

Um escritório pode querer receber as quentinhas do casal João e Graça toda semana, de segunda a sexta-feira; uma empresa de médio ou grande pode ter a ideia de dividir seus funcionários em pequenos grupos para eles participarem dos passeios e acampamentos promovidos pelo Reinaldo; uma creche pode se interessar pelos amigurumis e fazer uma encomenda às sobrinhas da Conceição. Acontece que essas empresas ou organizações precisam se manter dentro do que a lei exige, com registros confiáveis de todas as suas operações, incluindo as despesas.

Por mais que um empresário goste do serviço ou produto de uma pessoa que trabalha informalmente, ele não pode simplesmente tirar o dinheiro da empresa para pagar por algo sem um comprovante reconhecido pelas autoridades. Não dá para dizer a um fiscal ou auditor que pagou "na confiança"; lojas, escritórios e demais empresas sérias operam com controle financeiro próprio e rigidamente dentro da lei, de forma independente da vida pessoal de seus proprietários e fornecedores. Por isso, precisam da nota fiscal para lançar os custos em seus livros-caixa.

Há outra questão importante: é muito frequente um microempreendedor, principalmente se for informal, pegar o dinheiro recebido por uma venda ou prestação de serviços para pagar uma conta de uma despesa pessoal — por exemplo, as compras de mantimentos para a semana. Não há um critério para determinar o que a pessoa tira para si e o que ela reinveste no negócio. Isso não é bom. Os empreendedores precisam saber separar as despesas pessoais das despesas do negócio que decidiram montar.

> ***Lojas, escritórios e demais empresas sérias operam com controle financeiro próprio e rigidamente dentro da lei, de forma independente da vida pessoal de seus proprietários e fornecedores.***

Mas você não precisa se assustar com burocracia extra ou complicação demais se decidir entrar para o mercado formal. A vida do empreendedor que tem um pequeno negócio foi muito facilitada há quase uma década e meia.

Programa MEI

O programa Microempreendedor Individual (MEI) foi criado pelo governo em 2008 exatamente para eliminar obstáculos que impediam a formalização dos pequenos negócios e faziam os pequenos negociantes de produtos ou serviços permanecerem na informalidade. É claro que a entrada no mercado formal vem acompanhada de algumas obrigações, como o pagamento de impostos, mas virar MEI e se transformar num empresário devidamente legalizado não é um bicho de sete cabeças.

O primeiro passo é buscar na internet o site do governo federal (*www.gov.br*), onde você vai encontrar o passo a passo para formalizar o seu negócio e a ampla lista de atividades e categorias contempladas com o formato MEI. Preste atenção ao nome dos sites em sua pesquisa e verifique se ele é mesmo oficial, o que é confirmado pela extensão "gov.br" no fim. Dê sempre preferência aos endereços eletrônicos que contêm essa extensão.

Além de ter em mãos toda a sua documentação — carteira de identidade ou Registro Geral (RG), título de eleitor, CPF —, o candidato a MEI deve incluir na inscrição um endereço que tenha IPTU, o Imposto Predial e Territorial Urbano, emitido pela prefeitura da sua cidade. Ele é o comprovante de que o futuro empresário tem uma base fixa para o seu negócio e pode receber o alvará para funcionar, mesmo que o local seja a sua residência.

Fique atento ao endereço em que pretende registrar seu negócio, pois alguns locais não permitem determinados tipos de atividade. Para não correr esse risco, é importante você fazer uma "consulta comercial" ou "consulta prévia". Procure na internet onde é possível encontrar essa informação no seu município. Normalmente, você precisa somente do IPTU para saber quais atividades são permitidas no endereço.

Feito isso, fique ligado! Em pouco tempo você receberá o seu CNPJ, o Cadastro Nacional de Pessoa Jurídica, que permitirá que você emita notas fiscais. O imposto mensal que o MEI passará a pagar pode variar de um Estado para outro, mas não é alto. No Rio de Janeiro, por exemplo, o tributo (em março de 2022) estava estipulado assim:

- Negócios que atuam com serviços: R$ 65,60 (referente ao INSS de R$ 60,60 + R$ 5,00 de ISS)
- Negócios que atuam com comércio e indústria: R$ 61,60 (referente ao INSS de R$ 60,60 + ICMS no valor de R$ 1,00)

Tanto os microempreendedores individuais quanto as microempresas (ME) e as empresas de pequeno porte (EPP) precisam emitir todos os meses o Documento de Arrecadação do Simples Nacional (DAS). Esse documento é bem fácil de pegar e pagar no Programa Gerador de DAS do Microempreendedor Individual (PGMEI), disponível na internet. Difícil é ficar atento e lembrar de fazer esse pagamento todos os meses. Por isso, fique atento.

No fim de cada ano fiscal, o MEI declara quanto ganhou e gastou com o seu negócio. Se já tiver o seu controle financeiro bem organizado, isso não será problema para você. Há muito material disponível na internet para ajudar o empreendedor iniciante, e o livro da Aliança Empreendedora que fecha esta trilogia vai mostrar todas as ferramentas de que o empreendedor precisa para não se enrolar com as finanças e o passo a passo para utilizá-las. Não dispense também a ajuda das suas redes de contato e dos grupos de apoio.

No fim de cada ano fiscal, o MEI declara quanto ganhou e gastou com o seu negócio. Se já tiver o seu controle financeiro bem organizado, isso não será problema para você.

Com a legalização (ou "formalização"), o MEI ganha também o direito a benefícios como auxílio-doença, licença-maternidade e aposentadoria, sem contar com a maior credibilidade no mercado e a possibilidade de chegar a mais clientes. Outra vantagem, dependendo de seu modelo de negócio, é poder contratar um ajudante com um salário mínimo ou piso salarial da categoria, também com todas as garantias legais.

A Zezé foi capaz, então, de efetivar uma costureira; João e Graça puderam contratar um auxiliar de cozinha. Até o Reinaldo pode querer contar com alguém que se dedique apenas ao registro dos passeios e acampamentos em fotos e vídeos enquanto ele se encarrega todos os demais detalhes.

No futuro, outras opções

Faça uma lista dos prós e contras de entrar no mercado formal. Você vai ter de pagar mais uma conta todo mês, é verdade, mas seu negócio vai ganhar mais estatura e credibilidade. Você tem mais a ganhar do que a perder. Siga essa orientação. Se for em frente, terá grandes chances de crescer e até passar a encarar o seu negócio com mais seriedade e responsabilidade, da mesma forma que seus clientes potenciais.

Mas a classificação como MEI não serve para qualquer empresa. Na época em que este livro foi produzido, o limite máximo anual de faturamento do MEI era de R$81.000,00, o que significa uma média de R$6.750,00 por mês.

Caso a sua confecção de roupas e acessórios, o seu serviço de preparação e entrega de refeições, os seus amigurumis ou seu programa de turismo ecológico cresça além disso — o que pode ou não interessar a você —, há muitas opções disponíveis para o próximo passo. Numa rápida consulta com um contador (profissional dispensável na vida do MEI), é possível vislumbrar o melhor caminho para o seu empreendimento. E se você chegou até aqui, é porque já provou que tem capacidade para gerir um negócio.

MOVIMENTO CONSTANTE

Vamos resistir à tentação de chamar este capítulo de Conclusão porque o trabalho do empreendedor não acaba, não para. Ele está sempre no modo *on*, sempre ligado. É importante estar em constante movimento para crescer, inovar, alcançar mais gente e ampliar seu universo, melhorar e modernizar a qualidade do seu produto ou serviço, enfim, para conquistar o sucesso. Mesmo que o seu modelo de negócio seja pequeno e pretenda atingir um público reduzido, novas ideias são sempre bem-vindas. Por isso, analise as possíveis mudanças conversando com os seus clientes e valide as inovações com o mesmo método usado para testar o seu produto ou serviço inicial.

Primeiros passos

Use este espaço para refletir sobre tudo que você aprendeu até aqui. Reveja os primeiros passos abordados. Você já sabe que a Teoria do Fazer desmistifica a velha ideia de que é preciso ter muito dinheiro ou muito estudo para empreender. A grande maioria dos empreendimentos no Brasil é formada por empreendedores de porte micro ou médio, e destes, mais de 50% são mulheres.

> ***É na prática que você aprende, e não tenha medo de errar, porque tudo na vida tem altos e baixos. O importante é aprender com o erro e usar a experiência para melhorar.***

É fundamental ter uma ideia, acreditar nela e, como ensina o modelo de negócio baseado nos *canvas*, testar para ver se ela é válida, se tem público e aplicação no mundo real. A ferramenta *canvas* — aquela *tela* ou página em branco, dividida em blocos de informações, que vai sendo preenchida e dando forma ao negócio — não é estática. Ela serve para você organizar as ideias e visualizar a execução de tudo aquilo que, até então, só existia na sua imaginação. Essa *tela* muda conforme você vai moldando e aprimorando o seu produto ou serviço.

É na prática que você aprende, e não tenha medo de errar, porque tudo na vida tem altos e baixos. Hoje fala-se muito em "resiliência", mas faz tempo que todo mundo sabe o que é isso — em 1962, Paulo Vanzolini já ensinava, em música e verso: "Levanta, sacode a poeira e dá a volta por cima." O importante é aprender com o erro e usar a experiência para melhorar.

Quem é você?

Pense nas suas qualidades e veja quais são os aspectos da sua personalidade que considera pontos fracos e pontos fortes:

- Visão de futuro.
- Persistência.
- Facilidade de pôr a mão na massa.
- Capacidade de correr riscos.
- Vontade de aprender coisas novas.

- Autoconfiança e autoconhecimento.
- Relacionamento com as pessoas.

Todas essas características podem fazer de você um empreendedor melhor — mas é no ***canvas de modelo de negócio*** que surge mais claramente a imagem de quem pode ajudar em um ou outro ponto em que você encontre maior dificuldade.

Lembre-se também de listar o que você sabe e em que áreas você precisa se aprimorar. Zezé, por exemplo, é boa em gestão de pessoas. Sabe delegar tarefas e dividir responsabilidades, a começar pelas filhas e as irmãs. João e Graça podem se ajudar na gestão de finanças, e como MEI significa Microempreendedor Individual, ela pode ter o nome à frente do negócio e contratar o marido como funcionário auxiliar, se decidirem entrar para o mercado formal com as suas quentinhas.

As sobrinhas da Conceição, por sua vez, mostraram ter visão de mercado ao sugerir para a tia uma atividade que ela não conhecia. Elas acabaram assumindo, assim como Reinaldo com o seu serviço de turismo ecológico, seja de acampamento ou de passeio com ida e volta no mesmo dia.

Veja também quem você conhece e já faz parte da sua vida e do seu círculo e quem precisa conhecer mais — clientes, parceiros, fornecedores etc. O que falta melhorar? Que parte precisa ser reforçada para o seu negócio florescer?

Proposta de valor

Se você ainda acredita que essa área do seu *canvas* se refere a dinheiro, formação ou estipulação de preço do produto ou serviço que pretende vender, apague essa ideia. **Proposta de valor** é o que você se propõe a apresentar ao seu cliente, e isso pode sofrer muitas mudanças com o tempo, desde o início.

Lembre-se de fazer a **validação do problema** para confirmar se existe mesmo esse cliente, aquela **persona** que você imaginou recebendo o seu produto ou serviço. Não se esqueça também de fazer essa **testagem** com pessoas desconhecidas ou com quem tem pouca intimidade — do contrário, você pode ter uma resposta positiva, mas fantasiosa, irreal. O passo seguinte é **testar o seu produto** de verdade com o que você tem à mão, ainda sem fazer grandes investimentos.

Formalização

Com o produto validado e aprovado, é hora de começar a vender e organizar as finanças para não fazer gastos maiores que a receita, garantindo o seu lucro. Finalmente, com o seu produto ou serviço consolidado, bote na balança: vale ou não vale a pena entrar para o mercado formal? Faça as contas, pese os prós e os contras, pense em quanto você pretende expandir o seu negócio e se já consegue administrar e gerir o que tem. Não dê um passo maior do que as pernas. Quem sabe até onde quer ir com o seu negócio e que público pretende alcançar com ele é você.

TAMOJUNTO:
DICAS QUE VÃO AJUDAR VOCÊ A EMPREENDER COM SEGURANÇA

COMO ABRIR O MEI GRATUITAMENTE

Para quem tem um negócio próprio, mas ainda não possui um CNPJ, abrir um MEI pode ser uma ótima ideia para formalizar a empresa. Ele é ideal para pequenos empreendedores que trabalham normalmente sozinhos (ou com até um funcionário) e que faturam, no máximo, R$81.000,00 por ano. Veja a seguir o passo a passo de como abrir o MEI, quais os benefícios de formalizar seu negócio, quais as taxas e mais.

Condições para abrir o MEI

Antes de começar a abertura do seu MEI, lembre-se de que você precisa estar dentro das seguintes condições:

- Ter mais de 18 anos.
- Não ter outra empresa (seja como sócio ou titular).
- Faturar até R$81.000,00 por ano (cerca de R$6.500,00 por mês).
- Seu trabalho deve fazer parte das atividades autorizadas para o MEI.
- Se for estrangeiro, você deve ter visto permanente.

Abrir o MEI é totalmente gratuito, simples e digital. Todo o processo é feito pelo site do Governo Federal, e você não precisa pagar nenhuma taxa. Tome cuidado com sites e aplicativos que cobram por isso. De novo: o serviço é gratuito! Como MEI, você pagará uma mensalidade ao INSS, mas para abrir a empresa, não.

Passo 1: separe os documentos e pesquise a atividade em que seu negócio se encaixa

Para abrir o MEI, você precisará realizar um cadastro no site gov.br. Para isso, tenha em mãos:

- Número do RG.
- Título de eleitor ou número do recibo da Declaração do Imposto de Renda.
- Dados de contato.
- Endereço em que mora.

Além disso, você precisa pesquisar em qual atividade seu negócio se encaixa, assim como ter definida a forma de atuação e em qual local o negócio será realizado. Cada prefeitura tem uma lista de atividades permitidas para microempreendedores individuais. Você também pode conferir a lista de atividades no site do Governo Federal, mas pode ser que haja pequenas diferenças entre a lista da prefeitura da sua cidade e a do governo.

Outro nome com o qual você vai se deparar nesse processo é o **CNAE**, que é o código em que a atividade se encaixa.

Passo 2: crie uma conta gov.br

Acesse o site www.gov.br/empresas-e-negocios/pt-br/empreendedor pelo navegador do seu celular ou computador. Clique em "Quero ser MEI" e, em seguida, em "Formalize-se". Clique no botão "Crie sua conta gov.br" (se você já tiver cadastro, basta fazer o login com seu CPF e senha).

Para criar a conta, você precisa selecionar uma das opções de cadastro que o site oferece. O mais fácil acaba sendo o número do CPF, mas é possível escolher a que for melhor para você. Basta preencher os dados conforme eles são solicitados. Preencha com bastante atenção porque será enviado um código por e-mail ou SMS para ativar o cadastro. Feito isso, está tudo pronto com sua conta *gov.br*! Você poderá utilizá-la para diversos serviços públicos.

Passo 3: complete seu cadastro no Portal do Empreendedor

O segundo passo é acessar o site www.portaldoempreendedor.gov.br e clicar em "Formalize-se". Faça o login com sua conta gov.br, criada no passo 2, e autorize o acesso a seus dados. A plataforma pedirá um dos dados abaixo:

- **Título de eleitor:** caso você se encaixe no público que não precisa declarar imposto de renda.
- **Número do recibo do imposto de renda:** caso você seja obrigatoriamente declarante de imposto de renda.

Após preencher o dado solicitado, informe seu celular. Uma mensagem SMS com um código será enviada para confirmar o pedido de abertura.

Passo 4: informe o nome fantasia do seu negócio

Neste passo, você deverá informar o nome fantasia da empresa, que nada mais é que o nome do seu negócio. Aqui você também preencherá em que local sua empresa vai atuar: se será via internet, em casa, ambulante, endereço comercial etc. Aqui você também vai informar a atividade do seu negócio, que foi definida no passo 1.

Em seguida, você deverá informar o CEP do seu endereço residencial e o CEP de onde sua empresa vai funcionar (se ela ocupar um local físico).

Passo 5: emissão do Certificado de Microempreendedor Individual — CCMEI

Leia atentamente todas as declarações obrigatórias do MEI e, em seguida, será emitido o Certificado de Condição de Microempreendedor Individual (CCMEI). É nesse certificado que estará comprovada a abertura de sua empresa, com a inscrição como MEI, o CNPJ da empresa e o número de registro na Junta Comercial.

Mas ainda não acabou. Como MEI, você tem benefícios, mas também tem obrigações, como o pagamento de uma taxa mensal e a declaração de renda anual.

Quais são os benefícios de ser MEI?

Formalizar sua empresa traz muitos benefícios, sendo o acesso gratuito a um CNPJ e um alvará de funcionamento os principais. Com isso, você poderá:

- Participar de licitações públicas (atendendo contratos com o governo).
- Atender empresas e outras organizações que exigem emissão de nota fiscal.
- Acesso a produtos e serviços bancários (como abertura de conta corrente e de investimentos).
- Acesso às máquinas de cartão de débito e crédito.

- Ter melhores opções de crédito junto às instituições financeiras para investir na sua empresa.

Além disso, o microempreendedor individual tem direitos previdenciários garantidos, como aposentadoria, auxílio-doença, licença-maternidade, entre outros. Outro benefício é a simplificação e unificação da cobrança de tributos.

Quais são as obrigações do MEI?

O MEI é isento de impostos federais normalmente cobrados de empresas maiores. Porém, deve realizar mensalmente o pagamento de um carnê com valor fixo. Esse valor considera a contribuição para o INSS (5% do salário-mínimo), mais o valor de R$1,00 para ICMS ou de R$5,00 para o ISS.

Além disso, anualmente, o MEI deve realizar a Declaração Anual de Faturamento do Simples Nacional (DASN – SIMEI). Essa declaração não tem custo para o microempreendedor e é a forma como a Receita Federal verifica que a microempresa está regular. Além disso, o DASN serve como comprovante de renda do seu negócio, auxiliando na hora de comprovar o capital para solicitar empréstimos e/ou financiamentos.

Caso o trabalhador informal receba algum benefício previdenciário (como salário-maternidade, auxílio-doença, auxílio-idoso, aposentadoria por invalidez ou Benefício de Prestação Continuada), a formalização como MEI pode levar ao cancelamento do benefício. É importante verificar as regras e cumprir as obrigações mensais e anuais.

Outro fator importante é que, caso o MEI passe a trabalhar com carteira assinada enquanto ainda tiver seu registro de MEI ativo, e venha a ser desligado sem justa causa pela empresa que está contratado, poderá não ter acesso ao seguro-desemprego.

Como se **formalizar:** vantagens e caminhos

1 Viabilidade pra se formalizar

- Conheça e saiba onde ficam os órgãos federais, estaduais e municipais envolvidos no processo.
- Coloque no papel o que precisa para o local, as instalações, maquinário, número de funcionários (se houver), matéria-prima que vai trabalhar.
- Saiba se a legislação na sua cidade permite que o seu negócio opere.
- Liste e separe a documentação, desde o mais simples, como RG, CPF, até as certidões e atestados.

2 Regras e deveres do MEI

- Faturamento tem um limite máximo de R$ 81 mil por ano.
- O empreendedor não pode ser sócio ou titular em outra empresa.
- Só é possível contratar um funcionário com remuneração de até um salário mínimo ou o piso da categoria.
- O negócio deve se enquadrar em uma das áreas liberadas para serem MEI.
- Contribuir mensalmente com um valor fixo.
- Precisa enviar para a Receita Federal a Declaração Anual Simplificada.

3 Benefícios de se formalizar

- Direitos previdenciários (aposentadoria, auxílio--doença e maternidade).
- A possibilidade de abertura de contas bancárias do seu negócio.
- Obter melhores linhas de crédito para empréstimos e financiamentos.
- Mais opções para adquirir maquininhas de cartões.
- Possibilidade de emitir notas fiscais de venda e prestação de serviços.
- Poder ter o poder público como cliente.

TÉCNICAS PARA OTIMIZAR TEMPO

Para quem trabalha por conta própria, organizar a rotina é um desafio, e cada minuto deve ser muito bem aproveitado. Por isso, é útil aprender algumas técnicas para otimizar tempo como MEI, principalmente para a pessoa que vai trabalhar em casa. Veja as dicas deste artigo com mais de dez formas de melhorar sua gestão de tempo. Mas atenção: nem todas as técnicas funcionam para todas as pessoas. Teste todas e analise qual delas funciona melhor para você.

Estabeleça metas para alcançar

O primeiro passo para otimizar tempo como MEI é estabelecer metas para o seu negócio. Essa prática lhe ajudará a dividir suas atividades ao longo dos 12 meses do ano, depois em semanas e, por fim, em dias. Sua rotina ficará mais organizada para que você não tente alcançar várias coisas ao mesmo tempo e se sobrecarregue.

Faça uma lista de tarefas

Essa é uma técnica fundamental. A lista de tarefas permite que você saiba tudo que deve fazer ao longo do dia sem esquecer nenhuma atividade. Neste ponto, a dica é organizar sua lista de tarefas sempre ao fim de cada dia, estabelecendo as coisas que precisará fazer no dia seguinte.

Outra sugestão é manter um espaço na sua organização das atividades para algum imprevisto e também para pausas de descanso. Lembre-se de que sua saúde física e mental precisa de momentos para relaxar até mesmo durante o trabalho.

Considere imprevistos

Não se frustre nem se apavore caso, de vez em quando, sua lista de atividades seja prejudicada por algo urgente que surgiu. Esses imprevistos podem ser tanto do seu negócio quanto pessoais. E, como ambos são importantes, permita que eles estejam em sua organização diária.

Registre quanto tempo você leva para cada atividade

Para ter o tempo a seu favor, é importante entender a duração média de cada atividade que você exerce. Por exemplo, se você tem um restaurante, alguns levantamentos de duração das atividades podem ser:

- Tempo que você leva fazendo mercado.
- Tempo necessário para preparar cada item do cardápio.
- Tempo dedicado à organização da cozinha antes e depois do trabalho.
- Tempo que leva para servir todos os clientes.
- Tempo necessário para fechar o caixa do dia.

Dessa forma, você consegue se organizar melhor no dia a dia e cumprir todas as atividades que deve fazer. Além dessa prática ajudar a otimizar seu tempo como MEI, ela também lhe ajuda a saber como precificar melhor seu trabalho de acordo com o tempo que você gasta.

Defina suas prioridades

Definir as prioridades de cada atividade é um passo mais fácil e natural de ser feito após a identificação das metas, da lista de tarefas e do tempo necessário para realizar cada uma delas. Você pode separar suas funções como urgentes, flexíveis e inadiáveis. As urgentes e inadiáveis ficam como prioridade, enquanto as flexíveis podem ir para o fim da lista, sendo encaixadas em outros dias, caso imprevistos ocorram.

Decrete prazos em suas atividades

Para que você não fique adiando tarefas e fazendo do relógio seu inimigo, coloque um prazo para realizar suas metas e suas tarefas. O prazo é uma forma de você se pressionar para não procrastinar (deixar para depois), e ajuda a aumentar a eficiência no trabalho.

Revise diariamente sua lista de tarefas

Tudo bem terminar alguns dias sem cumprir todas as tarefas que você estabeleceu, mas, para que algumas funções não sejam perdidas no meio do caminho, revise diariamente sua lista de tarefas e realoque o que ficou para trás.

Permita-se dizer alguns "não"

Uma das coisas que podem estar atrapalhando sua otimização de tempo é a quantidade de "sim" que você diz a todos que lhe pedem ajuda, seja para um amigo que quer tirar uma dúvida, para atividades da casa que precisam ser realizadas ou até mesmo pedidos inesperados de clientes por telefone ou WhatsApp. Para que o seu tempo seja valorizado, alguns "nãos" precisam ser ditos. Assim você tem mais controle de sua agenda e seu planejamento flui melhor.

Use a tecnologia

Atualmente há vários aplicativos de gestão de tempo que podem ser usados a seu favor. Com eles, você pode definir um tempo para cada atividade, criar sua lista de tarefas diárias, receber alertas de compromissos importantes e muito mais. Veja aqui alguns exemplos:

- Trello: para organizar demandas de trabalho.
- Toggl: para acompanhar quanto tempo você leva em cada tarefa.
- Rabbit: também para acompanhar quanto tempo você leva em cada tarefa.
- Google Agenda: para registrar compromissos importantes.

Inclua intervalos em sua rotina

Otimizar tempo como MEI não significa ser uma máquina de trabalho que não para nem um segundo. Os intervalos são fundamentais para sua produtividade, pois você flui muito mais quando dá pausas ao cérebro e ao corpo. Tire pelo menos dez minutos de pausa a cada atividade concluída e aproveite para tomar um café, se alongar ou até mesmo se distrair nas redes sociais.

Cuide de sua saúde

Mais importante do que otimizar tempo como MEI é cuidar de sua saúde enquanto micro e pequeno empreendedor. Não crie uma rotina de trabalho estressante e de ritmo intenso. Isso irá atrapalhar seus níveis de entrega e sua saúde, causando mais malefícios do que benefícios. Como MEI, você tem a vantagem de ser seu próprio chefe. Por isso, pegue leve consigo mesmo e insira no seu dia a dia um ritmo tranquilo de trabalho, uma alimentação saudável, pausas para relaxar e acompanhamento médico.

Observe seu ritmo

Para que consiga colocar em prática todas essas técnicas de otimização de tempo como MEI, repare em seus hábitos e em sua produtividade a fim de entender o que realmente funciona para você. Esse autoconhecimento permitirá entender, por exemplo, qual é o horário do dia mais adequado para realizar cada atividade, o momento indicado para uma pausa, quando você deve finalizar sua rotina de trabalho e muito mais. Disciplina e organização são as palavras-chave.

SEIS DICAS PARA PLANEJAR METAS PARA UM PEQUENO NEGÓCIO

Planejar metas para um pequeno negócio envolve administração do tempo, das finanças e se manter aberto a mudanças. Seja para vender mais, fazer parcerias e até mesmo mudar de nicho, é preciso um planejamento estratégico. Com o objetivo de ajudar nesse processo, este artigo ensina como planejar metas para um pequeno empreendimento.

Mas por que planejar metas para um pequeno negócio? O planejamento de metas é importante para empresas de todos os portes, desde o microempreendedor até as multinacionais de qualquer segmento. Essa prática é importante para manter o negócio em busca da melhoria contínua de seus processos, tornando-o mais duradouro e com excelência na gestão financeira e administrativa.

Ao planejar metas para um pequeno negócio anualmente você consegue ver o histórico de avanço do seu empreendimento e reorganizar objetivos de acordo com o novo momento em que ele está. É importante que suas metas sejam financeiras, comerciais e operacionais, pois assim você desenvolve todos os processos de sua empresa e vê o crescimento acontecendo de todos os lados. Vamos aprender como fazer isso na prática.

Analise o último ano do seu negócio

Antes de definir o que você quer para este ano em seu negócio, considere primeiro olhar para como foi seu desenvolvimento no ano anterior. Relembre quais foram as metas estabelecidas há um ano e quais foram alcançadas. Analise os aprendizados gerados para atingir essas metas e o que você aprendeu com as falhas cometidas e os objetivos não alcançados. Identifique também como tudo isso influenciou os resultados atuais do seu negócio. Caso tenha alguma meta que ainda precise ser batida, não tenha medo de incluí-la na lista deste ano.

O que você quer para sua empresa neste novo ano?

Agora, sim, comece a registrar quais são os seus desejos para este novo ano. Essa parte é apenas um esboço que você irá aprimorar nas próximas etapas, então não precisa se limitar ou colocar filtros. Pense em todos os seus sonhos e ideais, mesmo que sejam vinte ou cinquenta! Depois, enumere-os na ordem do mais importante para o menos importante a fim de saber qual realmente é seu foco neste ano. O próximo passo é fazer uma seleção de pelo menos dez, considerando se você terá recursos e tempo para realizá-los.

Estude os pontos fortes e fracos do seu negócio

Para ajudar a tornar suas metas ainda mais específicas e alcançáveis, eleja todos os pontos fortes e fracos do seu negócio. Para isso, pegue uma folha, separe-a em quatro partes e anote as forças, as oportunidades, as fraquezas e as ameaças de seu empreendimento. Ao elencar cada item, considere tanto pontos internos quanto pontos externos. Com essa simples prática, conhecida como análise SWOT, você conseguirá abrir sua mente para traçar estratégias que reduzam possíveis riscos e aproveitará todos os seus pontos fortes.

Selecione uma metodologia que ajude a criar metas

Talvez você já conheça a metodologia SMART para traçar metas. Se não conhece, veja como funciona. Ao começar a traçar metas, considere que elas precisam atender a estes cinco critérios:

- *Specific* = Específica,
- *Measurable* = Mensurável.
- *Attainable* = Atingível.
- *Relevant* = Relevante.
- *Time based* = Temporal.

Suponhamos que você venda coxinhas e, este ano, quer expandir suas vendas de salgados para ter mais lucro. Por isso, decide que sua meta é começar a vender quibes também. De acordo com a metodologia SMART, sua meta fica assim:

- Específica = aprender a fazer quibe.
- Mensurável = reunir amigos e familiares para provarem a evolução das receitas.
- Atingível = dedicar um dia da semana para fazer uma nova receita de quibe.
- Relevante = fazer um curso.
- Temporal = começar a venda dentro de, pelo menos, seis meses.

Determine um plano de ação

Depois de planejar metas para um pequeno negócio, você deve desenhar todo o processo em um plano de ação. Esse plano é responsável por desdobrar todas as metas estabelecidas com estratégias. Não deixe de incluir:

- Tudo que será feito.
- Métodos que serão usados.
- Cronograma com datas de prazo de cada etapa.
- Responsáveis por cada etapa.

Seu plano de ação pode ser repassado para um *planner*, agenda ou caderno a fim de que tudo fique mais organizado e fácil de ser consultado e revisto.

Revise suas metas de tempos em tempos

Para avaliar se o seu planejamento está funcionando conforme o esperado e se você está cumprindo todas as etapas que definiu para alcançar seus objetivos, verifique, de tempos em tempos, seu plano de ação e sua lista de metas. Não tenha medo de fazer essa revisão. Lembre-se de que você pode alterar prioridades conforme as circunstâncias mudarem ou imprevistos acontecerem.

Planejamento pessoal x Planejamento profissional

É comum que micro e pequenos empreendedores tenham dificuldade em separar a vida pessoal da vida profissional, como já vimos nos livros da trilogia Empreender sem Complicação. Por isso, enquanto você organiza suas metas do negócio para o novo ano, tenha em mente suas metas pessoais também.

Lembre-se de que seu empreendimento é sua fonte de renda e uma forma de realizar outros sonhos além dos profissionais. Portanto, a criação de metas para um pequeno negócio também deve considerar aspectos de sua vida pessoal que envolvam pontos como:

- Férias.
- Tempo com a família.
- Cuidados com a saúde física e mental.
- Tempo de descanso.
- Momentos de lazer.
- Valores de sua própria remuneração.
- Espaço na agenda para estudos.

Conclusão

Como você viu, analisar o histórico do último ano do seu negócio é o primeiro passo, pois permite avaliar aprendizados, falhas e conquistas. Além disso, ficou claro que você não deve criar metas e deixá-las engavetadas. Mantenha o hábito de revisitá-las de tempos em tempos para avaliar sua evolução. Agora que você já sabe como organizar seus objetivos, que tal colocá-los no papel e, em seguida, em prática?

Sobre a Aliança Empreendedora

Sabemos que todos podem empreender de forma digna e justa, e acreditamos no empreendedorismo como forma de transformar o Brasil. Para isso, capacitamos e apoiamos gratuitamente microempreendedores formais e informais em comunidades e periferias de todo o país, gerando inclusão e desenvolvimento econômico social em parceria com empresas, governos, organizações sociais e outros grupos interessados. Saiba mais em: www.aliancaempreendedora.org.br.

Capacite-se de forma on-line e gratuita

Tamo Junto é uma plataforma de conteúdos on-line e gratuitos desenvolvida pela Aliança Empreendedora. Ela oferece acesso a cursos com certificado, videoaulas, artigos e ferramentas de gestão. Todos os conteúdos têm o objetivo de gerar novas oportunidades de negócio, trabalho e renda por meio do empreendedorismo, promovendo inclusão e desenvolvimento econômico e social. Saiba mais em: www.tamojunto.org.br e www.youtube.com/tmjunto.

Receba mentoria gratuita acessando o *Guru de Negócios*

A plataforma *Guru de Negócios* tem por objetivo conectar microempreendedores com mentores voluntários de todo o Brasil. Se você quer receber ou oferecer mentoria, acesse: www.gurudenegocios.org.br.

Nossa missão

Unir forças para que pessoas possam ser empreendedoras, promovendo a inclusão e o desenvolvimento econômico e social.

Nossa visão

Fazer da economia um lugar justo para todas e todos.

Direção editorial
Daniele Cajueiro

Editor responsável
Omar Souza

Produção editorial
Adriana Torres
Júlia Ribeiro
Juliana Borel

Equipe Aliança Empreendedora
Helena Casanovas Vieira
Verônica Maia
Camila Reis

Texto adaptado
Solange Noronha

Copidesque
Lucas NS

Revisão
Anna Beatriz Seilhe
Fernanda Lutfi

Diagramação
Alfredo Rodrigues

Este livro foi impresso em 2023,
pela Exklusiva, para a Agir.